MAI 67

DU MÊME AUTEUR

Aux éditions Grasset

La Réparation, 2012

Aux éditions Stock

Une femme célèbre, 2010
Val de Grâce, 2008
Sa petite chérie, 2007
L'increvable monsieur Schneck, 2006

COLOMBE SCHNECK

MAI 67

roman

ROBERT LAFFONT

Ce roman a bénéficié d'une résidence d'écriture à la Villa Médicis.

Ce livre est une œuvre de fiction. F. est un personnage inventé. L'histoire décrite entre lui et Brigitte Bardot est imaginaire. Au-delà des faits notoires, aucun rapprochement ne saurait être esquissé entre la célèbre actrice et les personnages du roman, leurs opinions, leurs conversations et leurs actes.

ISBN 978-2-221-11442-1

À Jean-Marc Roberts

Ah que le bonheur est proche.
Ah que le bonheur est lointain.

Alain Tanner,
La Salamandre

All you need is love.
All you need is love.
All you need is love, love.
Love is all you need.

Paul McCartney
et John Lennon,
printemps 67

Avant-hier, les premières piles de ton autobiographie étaient en vente à la librairie Lamartine, rue de la Pompe.

Je me suis précipité pour l'acheter, j'étais content d'avoir enfin de tes nouvelles.

J'ai aussi cherché, une petite part de narcissisme ne fait pas de mal, si tu parlais de moi, des dix semaines que nous avons passées ensemble. J'avais peu d'illusion. Je ne suis pas le dernier ni le premier dans ta liste d'amoureux, mais tu me consacres une phrase et elle me plaît beaucoup.

J'avais peur de passer à la trappe, que tu m'aies oublié, pire que tu me présentes comme un pauvre type sans importance.

Tu racontes tout. Je reconnais ta franchise. Les histoires ratées, les types qui t'ont trahie, ceux que tu as trompés, Gunter qui t'avait pariée aux cartes.

On s'est rencontrés un an après ton mariage de pacotille, comme tu l'appelais.

C'était en mai 67.

Tu m'écrivais des mots, des lettres d'amour et je me sentais incapable de te répondre.

Aujourd'hui, trente ans après, je peux tenter de le faire.

À notre âge, la cinquantaine passée, nous avons tous des raisons d'être déçus.

J'ai abandonné le milieu du cinéma auquel j'avais fait semblant d'appartenir pour retourner dans le Sentier.

Comme me l'a dit un ami, un ancien de Casablanca, un de ceux avec lesquels je déjeune tous les samedis boulevard Exelmans, « si tu n'avais rien raté, tu tiendrais encore la boutique de ton père à Oujda ».

Mai 67

En mai 67, quand nous nous rencontrons, tu exsudes la vie et tu es la plus belle fille du monde.

En mai 67, quand nous nous rencontrons, il y a 191 000 chômeurs en France.

En mai 67, quand nous nous rencontrons, nous sommes jeunes et nous chantons « *The Love energy is giving us a shove / Making this the summer of love* ».

(Et pourtant, si on m'avait interrogé à l'époque, je ne voyais que des barrières.)

On a dû chacun louper un truc.

Aujourd'hui, en mars 96, je lis ton autobiographie, je lis ta tristesse, ta solitude.

En mai 67, tu me répétais « ne parlons pas des choses tristes, nous c'est beau ».

Où tout cela est-il enfoui ?

La vie, la joie, la bonté, la lumière que tu avais en toi.

J'ai peu de preuves de ce que j'avance sur toi, sur notre histoire. Il y a ce que je suis, dans lequel subsiste une part de toi, mes souvenirs et ces lettres que j'ai gardées.

La première date du 8 mai 67, elle est rédigée sur un papier à en-tête de l'hôtel Parco dei Principi à Rome. Ton écriture est très ronde, les caractères sont agrandis, comme ceux d'un enfant qui veut bien faire. Tu utilises un feutre violet et tu signes *Bri.*

Ces lettres je les connais par cœur. Elles sont rangées dans un tiroir de mon bureau.

Je les relis, une fois par an. Pas plus. Une sorte de rituel, au début de chaque printemps.

Je les lis dans l'ordre. Cela me rend joyeux et puis triste quand j'approche de la fin.

Parfois, quand j'ai du chagrin, je m'autorise à reprendre celles du début.

Cela m'est arrivé il y a huit ans, en 1988. Eugène, le père de Bonté, venait de mourir, elle était inconsolable, j'avais perdu un contrat avec un gros magasin de Londres, j'ai ouvert le tiroir du bureau, j'ai lu tes premières lettres. Aucun chagrin ne résiste à cela.

J'étais assis devant ce même bureau. Je l'ai acheté à La Boutique scandinave, boulevard Saint-Germain. Tu ne l'aimerais pas, pas ton genre, trop raide.

Tu aimais ce qui était confortable, rond, doux, fleuri.

Sauve-moi.

Viens me retrouver le plus vite possible, je ne respire pas sans toi.

Dans tes bras, je suis enfin moi-même.

Tu es toute ma famille.

Mai 67

Tu fais de moi une femme meilleure.

Avec toi, tout est si facile, si gai. Je n'ai jamais connu cela avant toi.

Cela fait une heure que tu es sur le plateau, et moi sans toi, dans ma chambre enfermée, je ne suis plus rien.

Reviens vite. Je t'attends.

Je n'osais pas te répondre. Je ne savais pas ce qui m'arrivait. Je lisais, relisais. Tu t'adressais vraiment à moi ?

En mai 67, je n'ai aucune expérience sentimentale à part mon histoire avec Nicole.

Avec Martine, on couchait, mais il n'était pas question de sentiments.

Je n'avais lu aucun roman d'amour jusqu'au bout, je ne connaissais que des bribes, reliquats des cours de français du lycée d'Oujda.

Est-ce que tu me proposais de vivre ce que j'y avais appris, ce qu'on nomme le romantisme ?

Je tentais de comprendre. Je n'avais aucune piste.

Mon professeur de français du lycée d'Oujda nous avait fait une leçon sur l'amour courtois dans la poésie des troubadours.

Je n'étais pas un élève très attentif.

Étais-tu une incarnation vivante d'un poème de Ronsard ?

Étais-tu la mignonne à qui je pourrais proposer d'aller voir la rose ?

Comment faisait-on déjà avec la carte du Tendre ?

Je confondais tout, mes cours, la poésie du Moyen Âge, la princesse de Clèves, le Lagarde et Michard du XVIIIe dans lequel j'avais lu des textes « osés », le romantisme du XIXe.

Tu étais si naturelle que j'ai fini par oublier les leçons auxquelles je m'accrochais car je ne savais pas à quoi, dans ma courte vie ni dans celle de mes parents, je pouvais te comparer.

Les lettres du début, mes préférées, ont été écrites à Rome sur le papier vergé crème à en-tête de l'hôtel, gravé en doré, celles du milieu de notre histoire sur tes cartes de correspondance personnelles, bleu clair, gravées de tes initiales d'un bleu plus foncé, celles de la fin arrachées à un bloc-notes qui te servait à établir des listes de courses.

Dans huit jours, le tournage se termine, nous serons séparés, comment vais-je faire ? il m'est impossible de ne pas m'endormir tous les soirs dans tes bras. Il faut que tu me sauves.

Je suis ta femme. Tu comprends cela, je suis toute à toi, tu peux me demander tout ce que tu veux, je t'appartiens entièrement. Je t'attends. Je déteste que tu sois si loin.

Je nous imagine très âgés tous les deux, main dans la main, nous promenant place Dauphine comme nous l'avons fait hier. Ma vie commence avec toi.

Des lettres de toi, j'en possède des dizaines.

Je pourrais m'en vanter.

Je peux te l'avouer, à une époque, j'aurais bien aimé crâner, et puis cela m'est passé.

Quand nous nous sommes rencontrés, j'étais incertain, je ne savais pas qui j'étais, je rêvais de travailler dans le cinéma, je pensais que ma vie à Oujda, ce que j'avais appris de mon père, les valeurs que l'on m'avait enseignées, tout cela, il fallait que je l'oublie.

Je travaillais comme costumier parce que cela ressemblait à ce que je connaissais. Je ne lisais pas, j'allais voir des films américains, je ne connaissais rien à la Nouvelle Vague.

J'avais refusé d'aller voir *La Peau douce* de François Truffaut au moment de sa sortie. J'avais accompagné ma mère et, arrivé à la caisse, j'avais trouvé un prétexte pour ne pas entrer dans la salle.

L'idée de voir un couple s'embrasser sur la bouche devant ma mère me tétanisait.

Et surtout, j'avais peur d'apprendre un truc sur les femmes et l'amour que je devinais et que je ne voulais pas savoir. C'était si dangereux que l'on pouvait en mourir.

J'aimais le cinéma américain de mon enfance, les films de Hawks, Capra, Walsh.

J'étais cadenassé, mais prêt à ouvrir une porte.

Le changement m'inquiétait et m'attirait, je voulais toucher du doigt la modernité. J'étais curieux. Je ne savais pas comment m'y prendre.

J'allais à la Cinémathèque de la rue d'Ulm. On y projetait des films de série B, des grands westerns mais aussi Rossellini. C'est une femme, elle s'appelait Renée Lichtig, qui m'en avait ouvert les portes. Elle était monteuse et assistante d'Henri Langlois.

Tu l'as peut-être rencontrée ? Une femme à chats, à la tête carrée. Elle était souvent accompagnée de sa sœur, qui était scripte. Elles étaient nées à Hong Kong où leur père était propriétaire d'un cinéma. C'était une figure. Et dans ce grand brassage de la fin des années 60, elle faisait partie de ceux qui agissaient pour qu'on soit le plus nombreux possible à y participer.

Quand nous nous sommes rencontrés, le 2 mai 67 à Rome, j'étais ce jeune homme qui rêvait de cinéma et d'additionner des corps de filles – il n'y en a pas eu tant que cela avant toi.

Il y avait eu Nicole, Martine avant.

J'en étais fier, je couchais avec des filles.

J'avais mon petit succès, j'en profitais. J'avais trouvé un truc pour draguer. Je pensais être le premier à avoir cette idée. Je leur faisais croire que j'étais amoureux, que j'avais hâte de les voir, que je ne pouvais passer un jour sans elles, que le vendredi devait impérativement être ramené à un mercredi.

Et ça marchait. Je n'en revenais pas. Après, il fallait me dépêtrer d'histoires compliquées. La quatrième avec laquelle j'ai couché en lui faisant croire qu'entre nous, c'était gros, s'appelait Martine. Une Française de Grenoble, étudiante en philosophie à la Sorbonne, j'étais impressionné. Elle était rigolote, délurée, buvait de la bière, parlait beaucoup (je ne comprenais pas tout, je faisais semblant), elle avait aussi un petit air buté, une frange très courte, tranchante, dont j'aurais dû me méfier.

Elle m'avait rassuré, nous, on couche mais on n'est pas amoureux. Elle m'avait cité en exemple Jean-Paul Sartre et Simone de Beauvoir. Il y avait ce truc nouveau, l'amour libre. On pouvait coucher sans être amoureux. Juste pour le plaisir. On pouvait être amoureux et ne pas être fidèle. J'ai ravalé mes grandes phrases.

Le problème, c'est qu'un mois après avoir « couché pour le plaisir », Martine tombe enceinte. Du premier coup. Je n'ai pas le choix, me dit-elle, je dois t'épouser. Je suis d'accord avec elle. Je suis un type bien, pas un salaud qui va abandonner une fille enceinte. On est en 63, pas au Moyen Âge.

On prend le train tous les deux pour aller rencontrer ses parents à Grenoble. Elle va aux toilettes. Elle revient, elle m'annonce qu'elle a ses règles. Je me tais. À la gare suivante, Dijon, je lui dis que je vais fumer une cigarette sur le quai, qu'elle m'attende dans le wagon de l'autorail. Je ne remonte pas dans le train, je le laisse repartir sans moi avec Martine à l'intérieur.

J'ai honte, mais je prends la fuite. Je ne sais pas faire autrement. J'aurais pu aller jusqu'à Grenoble, rencontrer ses parents, faire semblant, attendre notre retour à Paris, et puis lui annoncer : c'est terminé.

Alors, nous, après ce genre d'histoire, la fuite devant Martine, la fuite devant l'affiche de *La Peau douce*, je suis projeté dans un autre monde.

Le 29 mai 67, tu as noué dans tes cheveux un foulard à motif jaune et bleu et une mèche de tes cheveux s'est échappée de ce chignon retenu par un foulard.

Le sais-tu, toi, que ce jour-là une mèche blonde a glissé de ce tissu serré jaune et bleu ?

Te souviens-tu que le 29 mai 67, tu as noué ce foulard dans tes cheveux ? Sans doute pas, peut-être que tu ne te souviens même pas d'avoir possédé ce foulard. Eh bien moi, qui ne l'avais ni acheté, ni choisi, ni noué, je pourrais encore le décrire de manière précise.

Nous sommes dans le restaurant chinois de la rue Royer-Collard et cela ne te plaît pas.

C'est la première fois que nous allons l'un et l'autre dans un restaurant chinois. Tu râles, tu aurais préféré un steak-frites. Devant ton assiette de riz cantonais tu t'exclames « tu imagines un bon steak-frites avec un verre de vin rouge, plutôt que ce pauvre riz aux petits pois et ce thé bouillant ? C'est dégoûtant ».

Et moi j'admire ta mèche de cheveux, ton foulard jaune et bleu. Il n'y a rien de plus beau dans mon monde.

Tu dis aussi souvent ce mot, « dégoûtant ».

Je pourrais te citer toute une liste de mots que tu es, pour moi, la première à utiliser.

De mai à juillet 67, je suis invincible, grâce à ton corps tiède, tes expressions que je découvre, « dégoûtant », « rigolo », « moche », « tu m'embrasses papillon », « c'est un chic type », l'odeur mentholée de la lotion que tu appliques sur tes jambes après les avoir exposées au soleil et ce foulard jaune et bleu.

Je découvre et j'admire tout, ce foulard jaune et bleu, un bocal de sauce béarnaise toute prête dans ton réfrigérateur, cela n'existait pas avant 67, un grain de beauté plat et clair sur ta joue gauche, cette manière que tu as de te tenir debout dans un léger déhanchement, ces mots « dégoûtant », « rigolo ».

Ces mots qui étaient si nouveaux et qui ne le sont plus, la première télévision couleur, les premiers cinémas d'art et d'essai, les premières pilules contraceptives, les canapés en plexiglas transparent, tes jupes beaucoup trop courtes, les fleurs dans tes cheveux, la chanson « Summer of Love » que l'on écoutait à la radio, tout cela est toujours présent.

Tu me conduis, ce printemps-là, vers la modernité.

Oui, j'aimerais me vanter aussi, utiliser ce mot « aussi » que j'aime bien, qui dit que les choses ne sont pas si simples.

Quand nous nous rencontrons, début mai 67, tu es la femme la plus belle et la plus célèbre du monde.

Tu as épousé l'année précédente un prince charmant allemand nommé Gunter.

Il avait consulté son astrologue et dressé avec lui la liste des qualités indispensables de sa future épouse. Beauté, éducation bourgeoise, habitudes de luxe et, bien sûr, date et lieu de naissance. Ils sont tombés sur ton nom.

« Dans l'année, je l'épouse », avait-il parié. On ne sait pas combien il a mis sur la table. La cour qui l'entourait a dû être épatée. Il était assez puissant pour acheter la plus belle fille du monde.

Il a fait lâcher des milliers de roses blanches au-dessus de ta piscine.

Début mai 67, vous étiez mariés depuis moins d'un an, vous aviez passé quatre soirées en tête à tête. Tu venais tourner à Rome un film à sketches réalisé par Louis Malle, Federico Fellini et Roger Vadim et tiré des *Histoires extraordinaires* d'Edgar Allan Poe. Le producteur avait menti à Fellini. Pour que Fellini signe, il lui avait promis qu'Ingmar Bergman serait un des trois réalisateurs.

Tu jouais avec Alain Delon dans le premier sketch, « William Wilson », mis en scène par Louis Malle. Dans la nouvelle, il n'y avait pas de rôle pour toi. En l'adaptant, Louis Malle et Clement Biddle Wood ont inventé un personnage de joueuse de cartes, qui affronte dans une scène interminable l'odieux William Wilson interprété par Alain Delon.

Le film n'est pas le meilleur de Louis Malle.

Ce qui se passe derrière la caméra est plus amusant.

C'est évident, l'homme dont tu devais tomber amoureuse, c'était Alain. Toutes les filles devaient tomber amoureuses de lui. Or, bizarrement, l'homme le plus beau du monde ne s'intéresse pas à la fille la plus belle du monde. Louis est amoureux de toi et toi tu fais semblant de ne pas t'en apercevoir. Ton mari vient poser avec toi pour les photographes, puis disparaît.

Sur ce film, j'étais invisible. Assistant costumier. Mon nom ne figure même pas au générique. J'avais été embauché en extra à la dernière minute grâce à Renée Lichtig. Louis Malle était un habitué de la Cinémathèque.

Tu m'as dragué. Pourquoi moi ? Mystère et boule de gomme.

Nous arrivons dans un monde nouveau dont personne ne connaît encore les règles sauf toi, parce que tu les inventes.

La production franco-italienne d'*Histoires extraordinaires* nous a logés au Parco dei Principi, un hôtel que vient de construire l'architecte Giò Ponti.

La façade en céramique, l'auvent en miroirs colorés, les boiseries du bar qui n'imitent pas un style Louis Machin, la salle de bains où tout est rond, les chaises ultralégères de la chambre, en ce début du mois de mai 67, j'admire pour la première fois l'avant-garde.

Mes parents avaient du goût. À la maison, les meubles dataient des années 30 et 40.

Une copie d'une table de Ruhlmann avec des marqueteries en ivoire accueillait les invités. Mon père avait acheté des fauteuils dessinés par Le Corbusier. Il devait être un des premiers au Maroc à aimer ce type de meubles très sobres.

Pour mon petit appartement à Paris, j'avais trouvé des meubles démodés des années 50 que je trouvais pratiques.

Je connais bien Rome. J'adore jouer au guide. Tu demandes à la troupe « où trouve-t-on les meilleures glaces ? ». Je suis le premier à répondre.

J'y avais passé des vacances en famille, mon père avait des « affaires » en Italie. J'avais quatorze ans, mes parents se disputaient, j'entendais ma mère crier en arabe à mon père « tu es un menteur, tu es un menteur ».

Mon père était dans la vente de costumes pour hommes en gros, demi-gros, détail. Il gagnait bien sa vie, je ne te l'ai pas dit, je suis resté flou, j'en avais un peu honte, je ne voulais pas passer pour un fils à papa, et puis, à l'époque, on pensait que le passé n'existait pas, qu'on commençait une nouvelle existence.

Mon père était un macho, et mon seul modèle. Il m'avait inculqué qu'un homme doit afficher comme preuve de sa fortune un nombre maximal de maîtresses.

C'était aussi un homme généreux. Au Maroc, on s'entraidait les uns les autres. On ne laissait jamais tomber quelqu'un dans la panade. La famille, c'était sacré.

J'avais quatorze ans, je regardais les filles en me disant je veux coucher un jour avec cette brune aux grosses fesses, cette autre brune avec un nez pointu et une queue-de-cheval et une robe rose. Je n'avais jamais embrassé une fille sur la bouche.

J'observais mes parents. Ma mère, les yeux qui tombaient de tristesse, ses petits gilets fermés jusqu'au cou, son chignon qui m'a toujours semblé gris, même quand elle était jeune et moi petit, son ventre pointu sur ses jambes maigres, ses Richelieu à talon carré, à lacets bien serrés. Il fallait que rien ne dépasse.

Mon père, sa fausse bonne humeur, son agacement, il ne pouvait pas se raser sans se blesser et son visage était parsemé de petites taches de sang, son cou qui rejoignait son menton sans aucune courbe, ses épaisses lunettes d'écaille dont il pensait qu'elles lui donnaient un genre.

Il n'y avait que leurs chaussures qui étaient assorties. Des Richelieu à bout droit pour mon père, à bout rond pour ma mère.

Non, ce n'est pas en les regardant vivre que je pouvais connaître quoi que ce soit de l'amour.

Je regardais les filles, à Oujda ; les juives étaient intouchables jusqu'au mariage, les musulmanes pareilles. Il nous restait les « expats ».

À Rome, je marchais dans les rues du Trastevere, de glacier en glacier, à l'époque, on m'appelait le « petit gros », espérant que les Italiennes soient plus accueillantes.

Elles ne l'étaient pas.

Je m'ennuyais, je ne voulais visiter ni les musées ni les églises, seul le Vatican m'amusait à cause des costumes des cardinaux. L'idée de voir des hommes en robe violette couverte de bijoux m'excitait. Je les comptais dans la rue, un cardinal, deux cardinaux, trois cardinaux. Je comptais aussi les glaciers, comparant les glaces au chocolat. Et sur la plage, les filles en maillot de bain deux-pièces, une grande nouveauté. On pouvait voir leur ventre et leur nombril.

À la piscine du Country Club d'Oujda, les filles étaient en une-pièce.

L'été suivant, mon père est parti ouvrir un magasin dans le quartier de Times Square à New York. Il revenait à Paris deux fois par an et à Oujda, une fois seulement.

Il avait sa vie là-bas, avec des Américaines très minces, vives, parlant trop vite, bronzées, aux cheveux très lisses, qu'il remplaçait régulièrement.

Ici, au Parco dei Principi, le balcon de ma chambre s'ouvre sur le jardin et la grande piscine de l'hôtel. Le dimanche, quand nous ne tournons pas, tu es la première à t'allonger en maillot de bain. Un deux-pièces jaune canari en plein soleil. Tu ne te protèges pas, ni crème ni chapeau.

Je cherche n'importe quel prétexte pour descendre te regarder, je ne suis pas le seul.

Tu apparais près de la piscine carrelée de noir et les jardins en contrebas se remplissent soudain de gens pressés de venir admirer les fleurs, les bords du bassin et les nageurs forcenés qui respirent pendant leur crawl toujours du côté gauche où tu es allongée. Ta peau lustrée par l'eau et le soleil aimante les regards.

Tu fais semblant de ne rien remarquer.

Notre première rencontre est ratée. Je suis invisible, dans le sillage du producteur qui vient t'accueillir à l'aéroport de Fiumicino.

On m'a envoyé en renfort. Pour faire la claque.

C'est le quatrième film sur lequel je travaille. J'ai accepté de diviser mes revenus par deux par rapport à ce que je gagnais avec mon père. Je ne sais pas encore comment me comporter. Je sais juste que je dois obéir, me faire le plus discret possible.

Mais là, face à toi, j'aimerais exister un tout petit peu, que tu me remarques, même de loin. Alors je me fais un film, je pense à la perruque noire que tu dois porter et je me convaincs que tu ne l'aimes pas, que mon rôle est de te persuader de l'essayer. Je veux aussi en profiter pour te montrer des rubans que j'ai trouvés dans une brocante pour agrémenter ta robe.

Je suis fier de moi, je tiens à démontrer à tous et surtout à toi que je suis un garçon débrouillard, gentil, serviable. Ces galons que personne ne m'a demandé de chercher en sont la preuve.

Mais la preuve de ma supposée gentillesse n'intéresse personne.

Tu as d'autres soucis.

Tu es cernée par des journalistes, des photographes, des cameramen.

« La chasse à Bardot s'ouvre à Rome », titre *France-Soir*, ce 2 mai 67.

Tu descends de la passerelle de l'avion, tu portes une jupe très courte en velours côtelé, un trench assorti, de larges lunettes de soleil en plastique blanc. Tu salues de la main, tu envoies des baisers. Tu as l'air radieuse.

Tu réponds aux questions, « je suis si heureuse d'être à Rome », « j'adore les Italiens ». « Vous êtes si gentils de me dire cela. »

C'est une phrase que tu répètes souvent, avec un ton surpris, « vous êtes si gentil » ou « tu es si gentil ». Tu es étonnée qu'on soit « gentil » avec toi.

Je rêve que c'est moi qui ai posé cette question et que c'est à moi que tu as fait cette réponse.

Dans cette foule, j'ai disparu comme une baguette de pain chez le boulanger et je suis rentré en taxi, car les voitures de la production m'avaient oublié. Je ne suis pas quelqu'un que l'on remarque, mais là, j'étais au sommet de mon invisibilité.

J'étais obsédé par cette histoire de perruque noire. Je m'étais trouvé un sujet avec toi, mais comment t'aborder ? Je craignais le pire. Je me consolais en pensant aux beaux rubans blancs, espérant qu'ils allaient compenser la perruque.

J'avais mal au ventre, cherchant les mots pour te convaincre, j'imaginais que tu allais m'engueuler, crier que non, jamais tu ne porterais une perruque brune, je cherchais les bons arguments : cette perruque te donnait un air mystérieux ; ce serait le clou du film, Brigitte en perruque noire.

Ce qui était vrai, c'est ce qu'on a retenu de ce film : « Ah oui, c'est celui où elle porte une perruque noire. »

Je me donnais un rôle, je ne savais pas que cette perruque tu l'avais déjà essayée à Paris. Et que cette conversation perruquière nous ne l'aurions jamais ensemble.

Louis Malle voulait que tu sois méconnaissable. Il ne voulait pas de toi dans ce rôle, avait choisi une actrice inconnue et tu avais été imposée par la production. Il avait accepté ce choix, persuadé que tu refuserais. Tu as accepté, le rôle et la perruque noire. Louis s'est incliné. De toute façon, ce n'était pas pour lui un projet important. Il était davantage préoccupé par la postproduction du *Voleur* avec Belmondo.

Louis nous présente, officiellement cette fois, quelques heures après l'aéroport, au bar de l'hôtel. La production franco-italienne donne un cocktail en l'honneur des deux stars du film. Du vin blanc pétillant et des olives vertes géantes. Nous, les Français, on se lançait les olives comme des ballons, et puis tu es arrivée. J'ai des olives plein les mains, je suis ridicule, je ne sais pas quoi faire de ce tas d'olives, les manger, les reposer mine de rien ? Comment te serrer la main ?

Il faut que je te parle de la perruque avec mes mains huileuses et je ne sais plus où est le sac avec les rubans.

Je ne m'attendais pas à ce que tu sois si belle.

Je te propose des olives. C'est idiot. Je suis si mal à l'aise.

Tu me regardes, tu me souris, sans me répondre.

Et à chacune de tes apparitions, c'était la même paralysie.

Je ne savais pas quoi faire de moi-même.

Il était impossible de s'habituer à tes yeux, ta bouche, ton nez, tes poignets, ton menton, tes oreilles minuscules.

Tu arrivais à la cantine, sur le plateau, dans une loge, et tout le monde, hommes et femmes, levait la tête, les comédiens, les techniciens, et pourtant ils en avaient vu d'autres. Tu rendais fous les garçons comme les filles. J'en ai entendu une dire, en te voyant passer, « c'est beau », et sa copine lui répondre « mon Dieu, je n'ai jamais vu quelqu'un d'aussi beau ».

Sagone, le directeur de production, s'approche de nous. J'ai reposé les olives et je me suis essuyé les mains. Il me désigne, « mon ami ». Tout cela parce que la veille nous avons eu une grande conversation sur le boutonnage des vestes et que nous étions d'accord sur certains principes. Tu m'embrasses, « un bisou pour l'ami alors ».

Et puis tu te moques de moi gentiment : « Vous collectionnez les olives ? »

Je balbutie : « Votre chambre vous plaît ? », toujours obnubilé par cette histoire de perruque, mais impossible de sortir le mot « perruque » de ma bouche.

Tu as trente-trois ans, tu es la fille la plus belle du monde, tu es une révolutionnaire, tu n'es pas un être humain, tu es une déesse. Et moi, ce type pathétique avec ses olives dans les mains et le mot « perruque » coincé au fond de la gorge.

Ton mari a loué un palais sur la via Attica pour te loger, tu as préféré te joindre à l'équipe du film à l'hôtel. Il a envoyé son secrétaire pour te surveiller. Un Samir tout maigrichon, répugnant, mielleux. Il paie aussi Monique, une blonde passe-partout, ta « meilleure amie » et doublure sur le film, afin qu'elle lui raconte tout. Bon, ça, je l'ai su bien après.

Vous posez tous les deux pour *Match* le premier jour du tournage.

Tu es en costume, avec ta perruque noire que tu n'aimes pas. Delon se moque de toi, « tu ressembles à une Japonaise », et Gunter déclare devant le reporter « tu es divinement belle ».

Des mots pour la presse. Il n'a pas le temps de te susurrer ce genre de phrases dans l'intimité, il n'y a aucune intimité entre vous, Gunter t'ignore quand il n'a plus besoin de toi pour ses opérations de communication.

Je ne connaissais pas les murs de velours noir de l'appartement de l'avenue Foch couverts de portraits de lui avec des personnalités ou des maîtresses dans des cadres dorés.

Je crois à la version *Paris Match* de votre histoire où tu expliques « ma vie a commencé avec Gunter, avant c'était un brouillon ».

Quand je t'ai vue, dans le bar du Parco dei Principi, c'est cela qui m'est apparu. Ta vie enfin parfaite.

Tu es la plus belle fille du monde, mariée à un prince charmant. Il ne te manque rien.

À l'époque, je croyais cela, que certaines vies n'ont pas de défauts. Pourtant, je voyais autour de moi ma mère, mon père, Renée Lichtig qui vivait avec sa sœur et ses chats et ne semblait pas avoir d'homme, des existences pleines d'incohérences.

J'aimais tout sur ce tournage, le soleil, la piscine carrelée de noir de l'hôtel, l'ascenseur doré de l'hôtel. Un jour sur deux, je téléphonais à ma petite amie laissée à Paris, Nicole, comme si j'accomplissais un devoir. De brèves conversations dans lesquelles rien ne se disait. « Allô, ça va ? et toi ça va ? oui, ça va. »

Cela coûtait si cher de téléphoner que je me persuadais que le coût de la communication compensait mon manque d'entrain amoureux.

J'étais un type bien qui téléphone à sa petite amie, car c'est ainsi que l'on doit faire quand on a une petite amie.

Après l'histoire avec Martine, dont j'avais un peu honte, je m'étais juré de bien me comporter avec les filles.

J'étais avec Nicole parce que je me disais qu'à mon âge, vingt-neuf ans, il fallait avoir une petite amie, qu'elle était jolie et qu'elle avait accepté de coucher avec moi sans que je lui promette explicitement de l'épouser. En quelques mois de relation, elle était passée de la fille qui rigole tout le temps à la petite fiancée qui rigole de moins en moins.

Elle réclamait son dû. Elle exigeait que je l'aime, que je l'épouse, que je lui fasse un enfant. Et moi je ne savais pas quoi lui répondre.

Je repensais à l'histoire du train avec Martine, au soulagement ressenti quand je lui avais échappé en descendant à la gare de Dijon, je ne pouvais pas me conduire chaque fois comme un salaud.

Nicole pleurait.

Était-ce ma faute ?

J'étais donc comme mon père, un type qui se comportait mal avec les filles ?

C'était donc cela, avoir une petite amie ?

La peur terrible d'être entraîné dans une prison à vie ?

Je ne connaissais rien aux filles.

Renée me racontait des histoires d'acteurs célèbres. Elle était très midinette, en plus d'être une grande cinéphile.

De toi, elle m'avait dit « oh, c'est une bonne camarade, une gentille fille », comme si tu étais comme les autres.

Était-elle aveugle ?

Sur le tournage, Alain Delon, l'homme le plus séduisant du monde, ne semble pas te voir davantage.

Entre vous, il n'y a aucune séduction, mais une sorte de camaraderie.

Je me demandais, est-ce qu'ils ont couché ensemble ?

À tes débuts, ton agent, Olga Horstig, te faisait faire des films « biftecks » en Italie. Olga était une des rares personnes de ton entourage qui te protégeait. Elle était vive, maternelle, enjouée, de longs sourcils épilés, un long nez, les yeux noirs brillants, trois rangs de perles.

Elle te préparait avec ces petits films sans enjeu pour t'apprendre le métier et gagner des sous. Là-bas, personne ne te connaissait, mais quand vous rentriez dans un restaurant pour dîner toutes les deux, les autres clients cessaient de parler, leur fourchette en l'air.

Un soir, tu t'es mise à pleurer, un chagrin d'amour, et puis tu t'es rendu compte que tout le monde te regardait. La honte, l'humiliation, tu ne pouvais plus arrêter de pleurer. Olga savait qu'il y avait un gouffre entre ce que tu montrais de toi, espiègle, joyeuse, et ce que tu étais, seule avec tes tourments.

Après ta tentative de suicide le 28 septembre 60, ta mère lui a demandé d'ouvrir ton courrier. Un jour, dans une enveloppe, elle a trouvé une lame accompagnée de cette note : « Pour ne pas te rater la prochaine fois. »

Olga m'avait prévenu de la violence que tu suscitais et que je n'imaginais pas.

La scène de l'ascenseur dans *Vie privée* de Louis Malle où tu te fais traiter de salope par une femme qui te menace avec un balai, tu l'as vécue.

Tu avais été attaquée par une femme munie d'une fourchette criant « espèce d'ordure, fille de rien qui prend tous les hommes aux pauvres femmes ! J'aimerais vous crever les yeux, salope ! ».

C'est vrai, tu voles tous les hommes aux pauvres femmes.

On marche dans la rue, on entend siffler salope, salope, salope. Et pourtant à te regarder dans Rome ce mois de mai 67, tu es la grâce même.

Ta manière de poser délicatement le talon de ta ballerine sur le sol, de soulever ton pied, relever ton genou, balancer ton mollet en avant, puis la cuisse, avancer tes hanches, t'étirer, le cou tendu vers le ciel, puis de retomber comme si tu étais encore retenue en l'air.

Je te regarde, je n'en reviens pas. Tu te tournes vers moi, tu ris.

« Mais qu'est-ce que tu fiches ? On dirait une statue. Allez, avance, un pas devant l'autre. Je te montre si tu veux. Tu veux que je t'apprenne à marcher, mon petit enfant ? »

Tu n'as pas entendu les insultes.

Le tournage a lieu à Cinecittà. Tu as demandé que je te conduise le matin et le soir. Cela n'étonne personne. Un assistant, ça peut tout faire. On rentre tous les deux en voiture, parlant de tout et de rien.

« Alors, dis-moi, la meilleure pizzeria ? Da Remo ou La Casa ? Et pour le *pepe e cacio,* on va où ? »

On découvre qu'on aurait pu se rencontrer à Rome en 52.

Et c'est comme si une évidence nous tombait dessus.

Tous les amoureux voient dans les rencontres manquées, dans leurs goûts communs

– « toi aussi, tu aimes les fraises à la crème, te coucher tard, tu es maladroit, le bleu est ta couleur préférée, tu passais tes vacances à Roquebrune-Cap-Martin » –, le hasard des signes du destin.

En 52, j'accompagnais ma mère à Rome avec ses petits gilets et ses chaussures aux lacets bien serrés et toi tu y tournais des films biftecks. On aurait été si heureux de se connaître alors. On imaginait la vie qu'on aurait eue tous les deux. Tout ce qu'on n'aurait pas raté. Je classai soudain sans remords Nicole dans la colonne des ratés. Voilà, c'était fait. Moi qui me voyais comme un brave garçon, à part l'accident Martine, je ne valais décidément pas mieux que mon père, un opportuniste.

Pour notre dernière soirée à Paris avant de rejoindre le tournage, si soulagé de me débarrasser de Nicole pendant quatre semaines, je l'avais invitée à dîner au Drugstore Saint-Germain.

Nous avions partagé des croques hawaïens, un croque-monsieur avec une rondelle d'ananas, ce qui nous semblait si exotique, et admiré le décor avec ses sculptures de mains en bronze dessinées par Slavík qui sortaient des murs.

Nicole avait été choquée par la présence de jeunes gigolos dans le restaurant, et je l'avais rassurée, cherchant à me rassurer moi-même.

Des garçons d'une vingtaine d'années, portant des pantalons étroits aux hanches et larges en bas, se tenant assis les jambes écartées. Ces garçons m'attiraient et m'angoissaient.

Nous étions sortis du Drugstore en nous tenant par la main.

Avoir une petite amie comme Nicole me donnait de l'assurance. Elle était marocaine comme moi, j'avais le sentiment qu'avec elle, au moins, je savais où j'allais. Elle était grande, campée sur de solides jambes toujours bronzées qu'elle montrait avec plaisir. Elle s'habillait avec soin, des jupes à la taille haute, des chemisiers en soie, des escarpins, maquillée d'un rouge foncé et parfumée d'un goût sucré.

Ses parents étaient les propriétaires d'un magasin de chaussures rue de la Pompe. Il me semble qu'elle avait un accès illimité à leurs stocks et que tous les jours, elle arrivait juchée sur une nouvelle paire de talons.

Grâce à ce renouvellement permanent de chaussures, j'avais le sentiment chaque fois que je la voyais qu'une nouvelle femme entrait dans la pièce.

C'était une vraie femme. Pas une étudiante négligée comme Martine, avec son teint de papier mâché, ses lunettes Sécurité sociale et sa robe chasuble.

J'aimais beaucoup Nicole, je m'étais persuadé qu'elle était la fille qu'il me fallait, mais je ne me laissais pas atteindre.

Et dix jours plus tard, je suis prêt à m'abandonner, je flirte avec toi et ris des bêtises que nous racontons ensemble. Il a suffi que j'admire de loin ta peau lustrée au bord d'une piscine, ton sourire indulgent devant mes mains refermées sur une poignée d'olives huileuses.

Nicole, son curriculum parfait, son odeur sucrée et son lasso ont disparu.

On se demande qui couche avec qui sur le tournage. J'ai promis à mes amis de la Cinémathèque un rapport détaillé à mon retour.

« Mauro, le costumier en chef, il drague l'assistant de Louis ?

— L'assistant l'a allumé, non ?

— Et la maquilleuse d'Alain, avec qui elle couche, tu crois ? »

Ce que tu souhaites vraiment savoir sans oser poser de questions à Alain, c'est pourquoi cela n'a pas marché avec Romy.

Tu es fascinée par Romy, sa beauté, son talent. Une vraie petite fan. Tu as vu tous les *Sissi*.

Tu regrettes qu'Alain ne l'ait pas épousée.

Tu aimes que les gens s'aiment.

On parle aussi des films de Romy, de sa carrière américaine.

« Elle a bien fait de revenir en France, tu sais que moi aussi la Columbia m'a proposé une énorme somme d'argent, j'ai dit oui, et puis j'ai pleuré pendant une semaine à l'idée de quitter la France, alors ils ont accepté de déchirer le contrat. »

Sur le plateau, on te regarde tous. On tente de t'apprendre par cœur, chacun de tes gestes est parfait. Tu bouges peu, tu te balances légèrement, tu tournes ta tête à droite, à gauche, en bas, en haut. Ta pose est toujours la même, ta bouche entrouverte dans un léger sourire étonné, le haut de tes dents très visible.

Quand on s'arrête et que tu peux te reposer, tu es assise ou allongée, tu gardes une jambe repliée, l'autre en pointe en danseuse, te tenant très droite, le buste comme soulevé par un fil qui aimerait te retenir. Tu es idéale.

Même dans la dernière scène, si violente, où William Wilson-Delon te fouette, ton dos nu zébré de rouge, tu te tiens droite, la nuque haute.

En es-tu consciente ? Est-ce naturel d'être ainsi ? Est-ce un travail d'être parfaite ou tu le fais exprès ?

Il fait très chaud, personne n'a vraiment envie de se concentrer.

Tu me demandes de t'aider à répéter tes répliques.

Tu t'adresses à William Wilson-Delon, qui se vante d'être un amant réputé.

« Vous n'êtes pas l'amant dont rêvent les femmes, ce sont les hommes qui ont fait votre réputation. »

« Vous êtes un tricheur. »

« Vous n'êtes que de l'esbroufe, de la poudre aux yeux. »

« Le joueur ressemble à l'amant, il se fatigue vite. »

Et tu ajoutes « tu vois, toi, je le sais, tu es tout le contraire ».

Je te crois. Personne ne m'a jamais dit cela avant.

Coucher avec toi, je n'y pensais pas. En 67, coucher avec une fille, c'est un truc énorme, en 67, n'importe quelle fille est inaccessible.

Pendant un an, j'ai été obsédé par une fille qui se nommait Dominique et avec laquelle je travaillais sans oser lui offrir un café. Je rêvais d'un moment en tête à tête avec elle. J'imaginais que je touchais sa main et cela me paraissait déjà beaucoup, alors coucher...

À part avec Martine, parce qu'elle est étudiante en philosophie et qu'elle a lu Jean-Paul Sartre et Simone de Beauvoir.

Et Nicole, qui pense que parce qu'elle accepte de coucher avec moi, je vais finir par l'épouser. Elle ne sait pas qu'on ne tombe pas amoureux d'une fille parce qu'elle est obéissante.

J'étais bien content qu'une fille comme Nicole accepte de coucher avec moi, même si je le payais de discussions dont je ne savais me sortir sur « notre avenir ».

Devant ses parents, les propriétaires du magasin de chaussures de la rue de la Pompe, je jouais au bon garçon un peu timide, qui avait du mal à se décider « pour le mariage », mais qu'on n'aurait pas de peine à convaincre de sauter le pas.

Je voyais bien que le métier que j'avais choisi, le cinéma, ce n'était pas non plus leur tasse de thé, ils espéraient que cela ne durerait pas tout en se disant eux aussi que sinon ils sauraient me convaincre, avec le temps, de prendre mes responsabilités.

C'est un rôle facile, le type prêt à changer d'avis, à faire ce qu'on prévoit pour lui car je ne joue pas.

Je suis vraiment ce garçon-là qui souhaite être convaincu et qui a calculé qu'avant d'être en prison pour de bon, il faut profiter de ce qu'il aime : le cinéma, les corps des filles qui sentent bon.

Je ne réfléchis pas, je finirai par me marier avec Nicole, son odeur sucrée, ses talons hauts, ses dents si blanches et qui accepte de coucher avec moi.

Il faut bien en passer par là, les corps qui s'emmêlent. Nicole s'applique, elle m'embrasse avec la langue, avec sérieux, mais pouffe quand je lui dégrafe son soutien-gorge, je la chatouille.

Tu es la première fille pour qui coucher avec un garçon est naturel et bon. Tu en as envie, tu le demandes, tu proposes, tu fais l'amour avec des garçons dont tu n'es pas amoureuse, mais que tu trouves mignons, et puis tu les oublies.

C'est la meilleure chose au monde, celle qui te maintient en vie, celle où tu es entièrement à ta place, sans retenue.

Fin avril, juste avant de partir pour Rome, avec Nicole nous avions regardé, pétrifiés, les images de ta montée des marches dans l'émission de François Chalais, « Reflets de Cannes ». Les images sont terrifiantes, Gunter et toi êtes encerclés par des centaines de photographes et d'admirateurs accrochés à des pylônes, serrés les uns contre les autres. On entend des cris, « ne l'écrasez pas ». Tu es souriante, comme si tu n'étouffais pas, alors que l'on ne perçoit que cela, l'étouffement. Lui a l'air affolé. Tu m'as avoué avoir eu très peur, pour toi et pour les autres, que quelqu'un meure piétiné. Tu ne voulais pas aller à Cannes, Gunter l'avait exigé, « tu dois le faire pour moi ». Tu étais amoureuse de lui.

Tu te disais « si j'accepte cela, il m'aimera ».

La première semaine de ce tournage à Rome, chaque jour en fin d'après-midi, tu envoyais soit Olga, soit ton amie Monique. « Elle a besoin de vous voir. Elle vous attend dans sa chambre. »

La 101, une chambre et un petit salon donnant sur le parc du palais Borghese. Le lit, le canapé, tout est en mousse recouvert d'un tissu-éponge rose pâle.

La première fois tu m'as ouvert la porte, tes cheveux étaient dénoués « une catastrophe, mes cheveux, tu ne trouves pas ? ».

Je ne sais pas quoi répondre. Je suis ébloui, je ne comprends pas ce que le mot « catastrophe » vient faire là.

Je reste debout, immobile, ne sachant pas quoi faire de mon corps. Tu bouges, debout fumant une cigarette, assise devant la coiffeuse, allongée sur ton lit en peignoir, je reste toujours debout. Je suis assistant costumier, toi, l'actrice principale. Tu te fiches de la hiérarchie.

Tu ne respectes aucune règle. Elles sont nombreuses en mai 67, les règles. Des codes de bienséance, de politesse, d'éducation, des cases sociales qui imposent un certain comportement. Un assistant peut répondre à une question, mais il ne prend pas la parole devant une actrice. Une femme n'invite pas un homme dans sa chambre.

Dans ta chambre, donc, où je me rends sans comprendre, tu veux, il me semble, parler de travail, mais là encore, je ne vois pas pourquoi. La règle est que tu passes par le réalisateur qui s'adresse à son assistant qui transmet la question au costumier qui relaie à son équipe.

Je tente de te parler de costume, mon sujet. Je vois bien que cela ne t'intéresse pas.

Je cherche des sujets de conversation. De toute façon, je suis perdu, je ne reconnais rien, le décor de ta chambre, tes mots, ta façon de bouger, rien ne ressemble à ce que j'ai connu jusque-là.

On passe vite de conversations sans importance à des confidences. C'est toi qui l'as décidé.

Grâce à mon boulot d'assistant costumier, je suis le témoin idéal des petites histoires entre les comédiens. Je te raconte le plan de tournage, les modifications, me moquant des uns et des autres, des mœurs des techniciens romains. Tu me racontes des anecdotes sur des metteurs en scène. Ils veulent tous coucher avec toi. Comme je les comprends. Je suis persuadé qu'ils sont aussi amoureux. Tu me contredis. « non, ils veulent coucher avec Bardot, amoureux de moi, c'est une autre histoire ».

Le dernier avec lequel tu avais tourné avait averti tous ceux qui voulaient l'entendre qu'il avait couché avec toi.

Tu l'avais croisé par hasard au Fouquet's, il s'était précipité vers toi pour t'embrasser et devant tout le monde, tu lui avais fait un bras d'honneur sans le regarder. En riant comme une petite fille.

Tu me parles peu de ton travail. Ce qui t'amuse, ce sont les gens, leur famille, leur histoire. Tu es contente quand elle se termine bien. Cela t'amuse de savoir qui couche avec qui, bien sûr, mais ce n'est pas cela qui t'intéresse. Tu aimes les histoires d'amour. Quand les gens se font du bien, tu es contente.

La rivalité, la mesquinerie t'attristent. L'élégance t'enchante.

L'histoire Gabin, par exemple.

C'est Olga qui me l'a racontée.

C'était sur le tournage d'*En cas de malheur*. C'était ton premier film important, un film sérieux, face à la plus grande star de l'époque, Jean Gabin. Tu étais une gamine et tu avais peur. Si l'on découvrait la supercherie ? Tu ne savais rien, tu jouais à l'instinct, tu n'avais jamais pris un cours de comédie, tu n'avais pas eu la vocation. Tu croyais, puisqu'on te le disait, n'être qu'une jolie idiote qui avait eu de la chance.

Arrive votre première scène, tu te trompes de réplique, une fois, deux fois, trois fois. Jean Gabin ne dit rien. Tu te trompes une quatrième fois. Tu te réfugies dans ta loge en larmes, non pas parce que tu crains la colère d'Autant-Lara, le réalisateur, mais parce que tu penses être décevante. Olga te rassure, tu reviens. Tu es courageuse. Tu reprends la scène face au plus grand acteur français. Tu te lances sans savoir nager et tu réussis. Tu réussis ta longue réplique sans une faute. Et Gabin te répond et se trompe. Une fois, deux fois, trois fois.

Tu comprends alors qu'il le fait exprès, qu'il salue ta fragilité et ton courage qui sont la matière première des bons acteurs.

Tu aimais les autres actrices. Tu parlais avec admiration de Marilyn, Romy et même

Jeanne Moreau qui t'avait fait tourner en bourrique sur le tournage de *Viva Maria !* C'était à celle qui aurait le plus d'articles dans la presse, le plus de photos. Vous aviez tourné ensemble au Mexique.

Elle est moins belle, mais plus cultivée que toi, elle est venue avec sa Rolls, sa cuisinière, sa femme de chambre, elle organise des soirées dans sa villa de location, invite les photographes, répond aux interviews. C'est elle qui se retrouve à la une de *Time Magazine* quelques jours avant la première du film à New York. Tu te rattraperas plus tard.

La rivalité, ce n'est pas pour toi. Tu aimes que tes amies soient belles, tu les admires. Tu es une chic fille.

Tu aimais beaucoup Delphine Seyrig, mais tu hurlais de rire en l'imitant parler de Roland Barthes. « Tu me vois tourner avec Truffaut, moi, mais je me ferais chier. » Oui, tu étais drôle.

Le maître d'hôtel d'un restaurant chic, à Londres, t'avait expliqué, très gêné :

Mai 67

« *I'm afraid, Madam, but slacks are not allowed here.* » (Je suis désolé, Madame, mais le pantalon est interdit ici.)

Tu avais répondu : « *Do you wish me to take them off ?* » (Voulez-vous que je l'enlève ?)

Tu es drôle et modeste.

Un après-midi, le huitième jour de tournage, tu me rejoins sur le plateau, tu ne travailles pas et tu m'offres un cadeau. *Rome*, de Miroslav Šašek, un album pour enfants qui permet de « visiter une ville comme dans un fauteuil ». Tu es venue à Rome avec dans tes valises un album pour enfants.

Tu me confies « je ne savais pas qu'on allait se rencontrer. Après avoir lu ce livre, j'espérais me promener dans Rome avec quelqu'un de gentil. Et voilà, tu es là ».

Je n'en reviens pas, j'existe donc pour toi, tu m'as distingué parmi les millions d'hommes et de femmes qui te désirent.

Je tente de comprendre ce que cela signifie, tu me trouves gentil ?

En m'offrant cet album pour enfants, veux-tu me déclarer qu'on pourrait être amis ?

Tous les deux amis, non, il ne faut pas que je m'emballe non plus. Ami avec toi, il ne faut pas exagérer, tu dois simplement me trouver assez digne d'intérêt pour m'offrir un livre. Davantage digne d'intérêt qu'Alain, Louis, Olga, Samir, Monique. Là, je sens que je m'excite pour rien à nouveau. Tu leur as peut-être offert aussi des livres ?

Louis Malle a dans la poche de sa veste un exemplaire de *La Chamade* de Françoise Sagan, que je n'ai pas lu mais dont je sais qu'il s'agit d'un roman sulfureux, l'histoire d'une jeune femme qui a des amants. Imaginons que c'est toi qui lui as offert ce roman. Ce cadeau bat-il le mien en sens caché ? Si toutefois il y a dans ce cadeau un sens caché...

Le soir dans ma chambre, j'ai ouvert cet album et j'ai lu « À Rome, vous verrez oranges et citrons mûrir dans les cours et les palmiers pousser sur les toits des maisons ». Cela m'a enchanté.

Le lendemain, Olga vient me proposer de me joindre à vous pour un petit dîner chez Otello alla Concordia, caché dans une cour via della Croce.

Tu portes un ensemble bermuda-veste bleu clair de chez Jean Cacharel, tu l'as acheté le jour même dans une boutique de la via Veneto.

Encore un truc nouveau, je n'ai jamais vu une fille en bermuda-veste.

Tu avais été assaillie par les photographes et tu t'étais réfugiée dans cette boutique qui vendait de la mode française. Tu as l'habitude de te réfugier dans les boutiques. Les vendeuses sont très compréhensives, ferment le rideau, t'offrent une chaise, un verre d'eau, le temps que les photographes se lassent. Ce qui n'arrive jamais. Alors tu prends ton souffle et tu finis par sortir avec de nouveaux vêtements.

Nous avons une table au fond de la salle, nous sommes l'un en face de l'autre, tu es dos aux autres tables, tous les clients fixent ton dos.

Tu me rassures. Tu as l'habitude d'obséder des inconnus.

On mange ces gros spaghettis avec de la sauce tomate qui vous coule sur le menton si vous ne faites pas attention. Des buccatinis.

Olga te parle d'un film avec Steve McQueen que tu as refusé, trois mois de tournage aux États-Unis, trop long.

« C'est dommage », dit Olga.

Elle me prend à témoin, « elle devrait le faire. McQueen est un acteur merveilleux ».

Au dessert, tu me proposes :

« Ce soir, tu viens me raconter une histoire dans ma chambre ? »

Je crois que c'est une blague, un mot pour rire, un truc d'enfant, que cela ne peut pas me concerner en vrai.

Est-ce qu'il existe une fille au monde, avant toi, qui propose à un garçon « ce soir, tu viens me raconter une histoire dans ma chambre ? », après lui avoir offert un album aussi délicieux que le *Rome* de Miroslav Šašek ?

Aujourd'hui, c'est évident, ceci est une manière charmante de me faire une avance.

Mais en mai 67 je ne sais pas que cela existe, une fille, dans toute l'histoire des relations entre les garçons et les filles, qui puisse proposer un truc aussi inouï que de coucher avec elle.

Tu es la première au monde.

Je ne peux pas comprendre, alors, après le restaurant, je t'embrasse sur les deux joues dans le hall de l'hôtel et je monte dans ma chambre au cinquième étage.

Je suis en train de me laver les dents en pensant à cette phrase « ce soir, tu viens me raconter une histoire dans ma chambre ? ».

Je tente d'imaginer ce que cela peut signifier, de traduire ce que tu fais, ce que tu dis dans une langue que je connaisse.

Peut-être veux-tu dire qu'on a un truc commun ? Une manière de rêver. C'est cela, on est tous les deux des rêveurs. « Ce soir, tu viens me raconter une histoire dans ma chambre ? », cela signifie qu'on va se raconter nos rêves, ce qu'on espère tous les deux de la vie. Un instant me traverse l'esprit que peut-être on pourrait dormir ensemble en pyjama en se racontant des histoires. J'en suis là quand le téléphone sonne.

C'est Olga.

« Qu'est-ce que vous fabriquez ? Elle vous attend.

— Mais pourquoi ?

— Son album lui manque, pouvez-vous le lui rendre ? »

Je descends trois étages, la porte de la suite 101 est entrouverte. C'est dans cet escalier entre le quatrième et le premier étage de l'hôtel Parco dei Principi que je suis entré dans le monde moderne.

Maintenant, j'en ai la certitude, nous allons coucher ensemble, pas parce que j'ai dû te convaincre (comme j'ai mis de longues semaines à convaincre Nicole), mais parce que tu me l'as proposé. Parce que, avec toi, dans ce monde nouveau, c'est par désir que les garçons et les filles font l'amour ensemble.

Tu es dans ton lit, le drap jusqu'au cou.

Je me tiens au pied du lit, l'album à la main. Tu me dis :

« Alors, tu es d'accord, tu veux bien me lire l'histoire ? Dans ta chambre ou dans la mienne ? »

Je propose « dans la mienne ».

Tu soulèves le grand drap, te lèves, tu es nue. Tu passes devant moi. Je ne sais pas quoi dire, je n'ai jamais vu un corps aussi invitant, alors je m'exclame :

« On te voit, on dirait un ange. »

Tu me réponds :

« Oh, on ne m'a jamais rien dit d'aussi beau. »

On passe la nuit ensemble. Je n'ai pas les mots pour raconter.

Je peux juste te murmurer que tu aimes l'amour, qu'il n'y a rien de plus naturel, que l'amour avec toi, cela ne ressemble à rien de ce que je connaissais. Tu t'abandonnes et pour la première fois, moi aussi.

Dès le lendemain, toutes les heures, je recevais un petit mot de toi, adorable, sur le papier à en-tête de l'hôtel, avec cette écriture très ronde, ces lettres au feutre comme agrandies qui prennent toute la place sur la feuille.

Je ne répondais pas à tes lettres, je m'en sentais incapable, j'étais un pickpocket de l'amour, un débutant, et toi une reine déclarant : tiens, voilà tous mes trésors, tout entier, prends tout.

Quand on est amoureux, on a toujours l'illusion qu'on est amoureux d'une personne exceptionnelle.

Toi, c'était vrai. Tu es la plus belle fille du monde.

Pour mon travail, je parle avec les actrices et les acteurs, tissus, mode, boutiques, longueur d'ourlet. La conversation tourne toujours autour d'eux, de leurs rôles et ce n'est pas suffisant, ils s'ennuient. Ils ne peuvent pas s'empêcher de regarder ailleurs pour se rassurer. *Suis-je reconnu, admiré ?*

Toi, tu te caches, tu baisses la tête, nous sommes assis au bar du Parco dei Principi, le barman nous prépare des Spritz. Il a fait si chaud aujourd'hui.

Nous avons fait l'amour, puis nous avons pris une douche fraîche ensemble, puis nous avons refait l'amour et nous sommes descendus au bar de l'hôtel boire un verre en gardant chacun l'odeur de l'autre.

Tu as les joues très rouges, je suis ivre sans avoir encore bu une goutte.

Je me demande si tout le monde a deviné que nous sommes nus dans ce bar malgré nos vêtements, j'espère que le verre d'alcool amer et pétillant va me permettre de retrouver un costume respectable.

Tu me demandes :

« Tu as des pouvoirs magiques ?

— Oui, j'en ai un. Je suis capable de deviner l'heure à la minute près sans montre. Demande-moi, je ne regarde pas ma montre ni l'horloge derrière le bar, je me couvre les yeux, maintenant, demande-moi.

— Il est quelle heure ?

— 23 h 20. »

Tu vérifies, il est 23 h 20, tu t'extasies comme si cela était un pouvoir extraordinaire.

À mon tour je te demande si tu as des pouvoirs magiques.

Tu cherches, tu hésites.

« Non, je ne crois pas. »

Je te réponds « si, tu as un pouvoir magique, mais il n'est pas avouable. Tu rends n'importe qui amoureux de toi ».

Tu ris, tu sais que c'est vrai.

Nous ne finissons pas nos verres, nous sommes trop pressés de remonter dans ta chambre, heureusement elle n'est qu'au premier étage.

La semaine dernière, j'ai emprunté une cassette VHS d'*Alice*, de Woody Allen.

Dans la dernière scène du film, Alice boit un élixir qui rend tous les hommes qui l'approchent fous d'amour. Cela l'amuse, et puis elle est obligée de fuir.

Tu en étais infusée en permanence. Tous ceux qui t'approchaient tombaient amoureux de toi.

Tu entrais dans une pièce, tous les hommes et les femmes présents te désiraient instantanément.

Si tu es ainsi aimée, ce n'est pas seulement en raison de ta beauté, mais aussi parce que tu es emplie de bonté.

Sur le plateau, un technicien était venu avec sa mère âgée qui ne pouvait rester chez elle sans aide. Elle était assise dans un coin, personne ne s'occupait d'elle. Tu étais la seule à lui parler, tu allais lui faire des courses, te préoccupais qu'elle ait un plateau-repas.

Tu es amoureuse, je suis amoureux. Tout est si simple. Nous sommes dans un monde merveilleux et nous sommes les seuls à le savoir.

Est-ce que sur le tournage les autres parlaient de nous ? Est-ce que nous étions les nouveaux objets de la rumeur ?

Personne n'en parlait. Seul le concierge de l'hôtel m'avait regardé et avait mis son doigt sur la bouche en souriant et un photographe français m'avait grommelé « petit salaud ». Louis, qui pourtant était amoureux de toi, restait professionnel.

Je croyais le voir souffrir, très pâle, mangeant à peine, avec un air qui signifiait « de toute façon, avec moi, cela ne marcherait pas ». Les autres devaient savoir que je n'étais qu'un minuscule épisode dans ta vie amoureuse et qu'un jour je souffrirais à mon tour.

Un soir Olga m'a pris à part.

« Elle a besoin de vous. » Olga a compris que je suis le nouveau garçon sur ta liste et que je pourrais l'aider, qu'on aurait une sorte de contrat tacite. Elle me soutiendrait pour que je reste le plus longtemps possible sur la liste et, en échange, je t'encouragerais à travailler.

J'ai cru qu'elle me confiait la mission de ma vie. J'allais te sauver. Le premier à te comprendre, à être là pour toi.

J'avais trente et un ans, j'étais mignon, brun, mince, les yeux verts, 1 mètre 72, un visage carré, une petit fente au bout du nez, un foulard en soie indienne autour du cou.

Pourquoi m'as-tu aimé ?

Je cherche encore des raisons, n'en trouve aucune de valable.

Tu es une déesse, mais il y a un truc qui cloche. Tu me le dis le troisième soir, tu es triste, ton mari ne t'aime pas. Tu es seule.

Tu es triste et en colère contre « ce connard », blessée par ce mari qui se sert de toi comme d'une agence de publicité, te traque, te surveille. Tu as été très amoureuse, tu le croyais l'homme le plus loyal du monde, et puis rien.

« Mais tu sais, rien de rien. Il n'en a vraiment rien à foutre de moi. »

Je te prenais dans mes bras, j'étais à peine plus grand que toi, dans ce sens, nous étions bien assortis. Ce serait plus juste de me souvenir que c'est toi qui m'enlaçais. Qu'en penses-tu ? Nous étions bien dans les bras l'un de l'autre.

Dans ta suite du Parco dei Principi, dans ma petite voiture à Rome, au Vert-Galant, devant un étalage de fruits rue Mouffetard, dans ta salle de bains (tu es nue). Je me souviens précisément, nous étions enlacés et j'étais heureux, j'espère que tu l'étais aussi ?

Il est si difficile de mesurer la détresse de l'autre, de faire comme si elle était vôtre. J'observais, tes yeux, le pli de tes lèvres, ton nez, tentant de dénicher où se cachait la blessure qui nécessitait d'être soignée. Je ne voyais rien. Je touchais ton corps, je te serrais contre moi, je caressais ton cou, ton dos, tes fesses, je ne ressentais aucun vide ou s'il y en avait un, il était de ne pas t'avoir entièrement collée à moi. Je ne peux pas m'empêcher de te toucher quand je te vois, d'attraper un peu de peau, de ta douceur, tu te laisses faire, tu es seule. Tu le répètes, « je suis seule ».

Gunter te voulait, il a toujours eu tout ce qu'il voulait. Encore une fois tu restes seule.

Gunter a treize ans, en 45, quand son père est arrêté par l'armée américaine. C'est un nazi, membre du Parti national-socialiste depuis 32, un des piliers du régime hitlérien. Il sera libéré trois ans plus tard. Tout est effacé. On a besoin de lui pour la reconstruction de l'Allemagne.

Il ne t'en parle jamais. Le passé n'existe pas. Cela ne va pas avec le décor.

Tu t'en fiches de ton beau-père nazi. La belle affaire. Il est mort. Tout cela, c'était il y a si longtemps. Tu es très amoureuse.

Gunter hérite de beaucoup d'argent. Il photographie des jolies filles et des forêts de sapins. Il ne croit ni dans la politique ni en Dieu, mais dans l'astrologie. Les deux plus belles étoiles, la sienne, la tienne, sont faites « pour illuminer le ciel entier ».

Il s'en persuade, les étoiles le démontrent, vous êtes faits l'un pour l'autre.

Il faut l'immortaliser, le montrer. Il ne fait rien sans une caméra, un appareil photo.

Dans l'avion qui vous emmène aux États-Unis pour votre mariage, tu dors la tête sur son épaule, il regarde l'objectif l'air surpris, comme s'il ne savait pas. Il a exigé qu'un photographe et un cameraman vous accompagnent. Cette image est tendre, mais cette tendresse est un mensonge. Tu étais très amoureuse, il ne t'aimait pas.

Pour les autres, votre histoire est vraie puisqu'elle est si bien photographiée.

Il existe des centaines d'images de vous deux, main dans la main. Elles sont magnifiques. Mais toi, tu es seule.

Sur l'une d'elles, chemise et pantalon blancs, Gunter tient un tigre en laisse, de l'autre, il te tient la main. Les cheveux lâchés, tu portes une sorte de djellaba, tu es pieds nus. Et tu es seule.

Pourtant, vous avez l'air de dieux heureux. Tu crois que tout cela est vrai.

Deux jours après votre mariage si bien photographié à Las Vegas, la réalité débarque.

Quelques moustiques à Tahiti, où il a choisi de t'emmener en voyage de noces. Il est de mauvaise humeur. Insupportables, ces moustiques. L'hôtel est inconfortable. Il enrage, d'être là comme un pékin à se gratter les cuisses, le ventre, les bras, le dos, couverts de piqûres de moustique. Cela le rend dingue.

Lui, Gunter, il ne peut pas être le genre de type à se gratter comme n'importe quel type.

Lui, il envoie des centaines de roses par hélicoptère et la presse internationale est au courant. Il pose avec un tigre ou peut-être était-ce un guépard ? Je ne sais pas faire la différence, lui le sait certainement.

Il est au-dessus des autres (et moi bien en dessous, enfin, c'est ce que je croyais avant mai 67).

Et toi, tu es seule.

Vous n'êtes jamais tous les deux seuls, toujours les amis, les photographes. Tu rêves d'un dîner en tête à tête. En trois semaines de voyage de noces, il n'y en aura pas un. Ta chambre est ton unique refuge, Gunter se couche de plus en plus tard, 2 heures, 3, 5. Il a bu. Il boit de plus en plus. Vos deux corps magnifiques, l'un à côté de l'autre, inertes. Celui de Gunter exhale l'acétone. Tu t'es longuement préparée. De la crème parfumée à la rose, un nœud dans les cheveux, des dessous noirs. Il t'a avoué aimer les dessous noirs.

Tu ne sais rien de lui ou si peu.

Il aime les dessous noirs, il est allemand, il est milliardaire, il est entouré d'une cour, il est beau. Tu l'apprendras un peu plus tard, il aime ce qui brille, il aime se voir en photo dans les magazines, les murs de son appartement de l'avenue Foch, noir et doré, couverts de photos de lui enlaçant des filles blondes. Dans les placards, des dessous noirs qui ne t'appartiennent pas.

Tu es seule.

Trois ans de mariage, aucune minute d'intimité, des centaines de photos.

Il t'offre un diamant, deux diamants, trois diamants. Il récite des phrases, « tu es divinement belle », « notre amour est sublime ».

Tu es espionnée par les amis de ton mari. Tu détestes son appartement de l'avenue Foch avec ces photos de filles blondes sur les murs, les dessous noirs d'une autre sous le lit.

Il te maintient en laisse et c'est à ce moment-là que le « petit con de Français », comme il me surnommait, est arrivé dans ta vie.

Renée Lichtig m'avait expliqué qu'il y a deux sortes de comédies sentimentales.

Les comédies chrétiennes, où l'obstacle qui empêche les amoureux de se retrouver est extérieur. Cela peut être la guerre, un voyage lointain, la méchanceté d'un troisième personnage, par exemple un mari jaloux.

Et les comédies juives, où l'obstacle qui interdit aux amants de s'aimer est à l'intérieur même de leur âme.

Je voulais réduire Gunter en miettes, il était notre ennemi.

Mais était-il un ennemi à l'intérieur de nous ou à l'extérieur de nous ?

Notre ennemi était-il juif ou chrétien ?

Quand tu me disais que nous étions faits l'un pour l'autre, que les autres, avant, étaient nuls, que nos corps l'un dans l'autre, c'était un miracle, mais que tu voyais en même temps l'abîme, tu connaissais le nom de notre ennemi ? Était-il à l'intérieur de toi, un ennemi juif ? Ou à l'extérieur de toi, un ennemi chrétien, Gunter ou un autre obstacle qui nous interdirait de nous aimer longtemps ?

Le tournage se terminait, j'avais dû repartir quelques jours à Paris, Louis me téléphone « viens vite, elle t'attend chez moi ». Ton mari voulait que vous posiez ensemble afin de montrer à la presse allemande qu'il avait été présent pendant tout le tournage, que vous étiez toujours le « couple du siècle ». Peut-être qu'il y avait des rumeurs sur le « petit con de Français » et il fallait les tuer dans l'œuf. Tu avais accepté de poser à nouveau avec lui, puis tu avais changé d'avis. Gunter avait exigé que tu rejoignes le palais qu'il avait loué pour toi. Tu t'étais enfuie et réfugiée chez Louis.

J'ai roulé toute la nuit et encore une journée dans ma Mini Cooper jaune, je n'étais pas fatigué, je tenais le rôle de ma vie.

Sur mon autoradio, j'entends pour la première fois « All You Need is Love », je suis d'accord, c'est évident, l'amour, c'est la seule nécessité dans ce monde nouveau.

Cela peut paraître aujourd'hui un peu ridicule, tout ce feuilleton, le mari milliardaire qui embarque de force sa femme et son amant qui vient la sauver à la demande d'un troisième qui l'aime en secret.

Moi-même, je dois me pincer pour y croire.

Je ne suis pas le seul à le penser, le monde entier chante « *All you need is love* » et « *If you're going to San Francisco, be sure to wear some flowers in your hair... If you're going to San Francisco, Summertime will be a love-in there...* ».

Mai 67, c'est le début du *summer of love*, on est des centaines de milliers à penser que l'amour et la paix vont triompher, qu'il n'y a plus de barrières.

J'arrive à 9 heures du soir, Louis m'ouvre la porte. « Il faut rester très discret, ramène-la à Paris, Samir rôde. »

Je te retrouve dans une chambre.

Tu m'annonces « d'abord, l'amour ».

Après l'amour, nous préparons un plan.

Nous sommes tous les trois très sérieux.

Il faut nous échapper. Gunter a un pouvoir énorme. Il a, peut-être, payé les policiers, les gens du bureau d'Air France et d'Alitalia, le syndicat des chauffeurs de taxi, soudoyé les hôtesses et le commandant, les douaniers, il a des espions partout, il possède des armes à feu. Nous allons remonter en voiture, trois mille kilomètres. Nous jouons dans un film d'espionnage.

Le lendemain, très tôt, nous partons dans ma Mini Cooper jaune.

Nous nous sommes levés à 6 heures, tu ressembles à un chat, tu n'es pas coiffée, tu portes un pull mousseux blanc, une minijupe en coton blanc, tu t'assois dans la voiture, tu glisses tes jambes sous toi et tu poses ta tête sur mes genoux. Tu te rendors.

C'est ainsi que je conduis les premiers cinquante kilomètres.

Tu te réveilles, tu gardes ta tête sur mes genoux, je sors de l'autostrade. Nous sommes à Viterbe. Je suis obligé de m'arrêter sur le côté de la route. Je n'en reviens pas que la vie puisse être ainsi.

Nous décidons de passer la frontière par un petit poste de montagne.

Je tends mon passeport au douanier italien. Je suis si nerveux que je ne peux pas m'empêcher de parler. Tu ne trouves pas ton passeport dans ton sac, puis tu le trouves. Tu me le confies pour que je le donne au fonctionnaire. Il regarde ton nom, la photo, il a une moustache blonde, il feuillette les pages, inspecte les nombreux visas, Espagne, Brésil, Mexique, États-Unis, il scrute à nouveau la photo et le nom, tu lui rappelles quelqu'un.

Mais qui ?

J'ai peur qu'il rameute du monde, je vois déjà la catastrophe, les photographes, les policiers payés par Gunter, moi menotté et toi ramenée de force à Rome dans le palais de ton mari.

Le douanier s'exclame. Il a trouvé. C'en est terminé pour nous.

« *Ah, il cantante !* »

Il te prend pour une petite chanteuse de variétés.

On reste imperturbables, on approuve en même temps.

« Oui, je suis/elle est la chanteuse. »

Arrivés à Paris, je te dépose chez toi, avenue Paul-Doumer.

Nous sommes le vendredi 27 mai 67. Tu me dis :

« Je t'attends. »

Je te réponds :

« Ne t'impatiente pas, j'arrive. »

Je pensais aller chez moi chercher une valise, je me dis que c'est trop long.

Je fais cent mètres en voiture, je trouve une place, je me gare.

Je sonne chez toi. Tu m'attendais.

Tu me proposes de te faire couler un bain « pas trop chaud », je me déshabille. Toi aussi et tu te glisses contre moi. Tu me laves, tu joues. La baignoire est étroite et immense, tu as toute la place pour plonger, nager, t'amuser avec mon corps, tu es une sirène.

Ensuite, tu enroules une serviette autour de toi, une autre en turban sur ta tête, tu me tiens la main pour sortir du bain, tu me sèches, puis tu me fais visiter « ma nouvelle maison ». Je suis nu. Je suis épaté. Dans un vase de ta chambre, tu t'empares d'une marguerite, tu déchires la tige avec tes dents, tu retires la serviette de tes cheveux, tu secoues la tête et tu glisses la fleur derrière ton oreille.

Chaque jour avec toi, j'entre dans un monde inconnu et enchanté.

L'immeuble surplombe la place du Trocadéro, un immeuble 1930. On ne voit que lui, comme s'il était le centre de Paris. Tout le monde sait que tu habites là, au dernier étage. Ta chambre, comme en proue, est visible par tous.

L'appartement n'est pas très grand, moins de cent mètres carrés. Ce n'est pas le pied-à-terre d'une star, mais celui d'une jeune bourgeoise dont les riches parents auraient financé le logement en attendant le mariage, un bébé, un appartement plus grand.

Un étroit vestibule au carrelage noir et blanc donne sur la salle de séjour.

Des bergères recouvertes d'un tissu fleuri en Dralon, une commode ancienne, de toutes petites chaises en bois tourné.

Tu as une télévision. Est-ce qu'elle est en couleur ? Il me semble que oui. Le soir, nous regardons souvent des films sur la première chaîne. *L'assassin habite au 21*, de Clouzot, *Pour avoir Adrienne* avec Danièle Lebrun, *Les Demoiselles de Rochefort* diffusé en hommage à Françoise Dorléac qui meurt fin juin dans un accident de voiture.

Je pleure Françoise à qui je n'ai jamais parlé car Jacqueline Moreau, la costumière que j'avais assistée sur ce film, ne voulait pas que les petites mains fréquentent les actrices. Sur un tournage, chacun sa place, m'enseignait-elle.

Tu me consoles. Tu trouves horribles les titres de la presse sur l'accident de Françoise Dorléac.

Tu t'offres une combinaison à fines bretelles en éponge mandarine chez Eddy, passage du Havre, tu l'as payée 42 francs et tu regrettes cet achat.

Tu achètes des coussins en vichy bleu et blanc pour les petites chaises du salon aux Galeries Lafayette.

Tu adores décorer, t'occuper de ta maison. Tu as choisi les rideaux à carreaux, trouvé le tissu bariolé des coussins et du canapé. Tu as transformé la cuisine, elle est moderne, avec un carrelage orange, très gai. Tu y passes beaucoup de temps. Tu refais les recettes de ta famille, la charlotte aux marrons, la tarte au citron, le poulet à l'estragon. Tu sais monter un soufflé au fromage. Tu es adorable avec ton petit tablier en vichy. Tu es ravie de régaler tes proches. Tu attends les compliments avec impatience. Je t'en fais et tu m'écoutes éberluée, comme si c'étaient les premiers qu'on te faisait, comme si tu n'avais pas l'habitude d'être admirée. Tu es une parfaite maîtresse de maison. Tu connais des trucs de bonne ménagère. Si ton linge a tendance à devenir gris, tu le trempes dans de l'eau chaude citronnée pour qu'il reste bien blanc. S'il a tendance à jaunir, tu ajoutes du lait. Tu sais que l'on doit laver l'argenterie à part afin qu'elle ne perde pas son brillant. Gérer ton ménage, l'argent pour les courses, établir des listes, diriger le personnel de maison, fréquenter la boucherie de la rue de l'Assomption, celle de la rue de Passy est trop chère, tu veilles à tout cela avec soin.

Tu es cette bourgeoise des années 60 et aussi cette fille qui mène la révolution à elle toute seule. Presque sans le faire exprès.

Tu caresses mes pieds, mes cuisses, mes hanches, mes fesses, ma poitrine, tu serres mes mains, tu lèches mes oreilles. Avant toi, je ne savais pas que tout cela existait.

Chaque partie de ton corps a sa propre sensualité, tu me montres que le mien aussi.

Après l'amour, tu ne contiens plus aucune de tes poses parfaites ; bouche entrouverte, yeux baissés, cou-de-pied allongé, hanche tendue d'un côté, genoux à peine pliés. Tu es ébouriffée, le mascara coulant sur tes joues rougies, les lèvres meurtries. Tu es encore plus belle.

Assise dans le lit, tu m'avertis avec un air sérieux « je ne suis plus seule, je t'ai trouvé ».

Tu tiens dans tes bras ton ours Murdoch habillé d'un tissu écossais.

Tu me cites Ronsard – *Puisqu'une telle fleur ne dure / Que du matin jusques au soir !* – et je comprends enfin ce que voulait dire mon professeur de français de troisième au lycée d'Oujda.

Quand tu n'es pas en couple, tu pars rarement d'un dîner ou d'une soirée seule.

Il y a toujours quelqu'un pour dormir avec toi, pour te caresser et pour que tu rendes ces caresses. Tu cherches à retrouver cette illusion, ne pas être seule.

Ces hommes qui te ramenaient chez toi, est-ce que tu les draguais comme tu m'as dragué ?

Est-ce que tu leur demandais comme tu me l'as demandé, avec cette douceur de petite fille, « ce soir, tu me racontes une histoire dans ma chambre ? ».

Est-ce qu'ils répondaient avec autant d'enchantement que moi ?

Est-ce que tu arrivais à retrouver cette plénitude que cette fois-ci personne ne trahirait et que tu ne trahirais personne par peur d'être à nouveau rejetée ?

Dans le prolongement du salon, ta chambre et ta salle de bains. Partout sur les murs, sur les commodes, des photos de tes parents, de tes chiens et de ton âne et surtout des portraits de toi.

J'aime beaucoup celle dans un cadre argenté où tu as une dizaine d'années et deux nattes brunes.

Ton lit en fer forgé blanc est recouvert de coussins, de peluches.

Il faut faire attention avant de se coucher, retirer et ranger coussins et peluches de ce lit de jeune fille.

C'est dans ce lit blanc et rose que nous faisons l'amour.

Avant toi, avec Nicole et Martine, cela avait été chaque fois une bataille, les embrasser sur la bouche, toucher le soutien-gorge, puis les seins, les cuisses.

Même Martine et ses théories sur l'amour

libre négociait chaque centimètre de sa peau. Sa liberté était surtout théorique.

Sous sa robe chasuble, elle portait une grande culotte de coton.

Elle l'enlevait rapidement, je soulevais sa robe aspirant accéder à une fente que j'espérais tiède et douce, je sentais ses cuisses se raidir.

« Ce n'est pas la peine de toucher avant », m'expliquait-elle.

Tu es dans l'innocence comme si tu étais née avant la découverte du péché. Tu te donnes entièrement sans négociation.

Tu sais toucher un corps sans aucune impudeur. Tu me dis « nous, tout est beau ».

Tu me racontes la première fois avec Vadim. Cela a mis des jours, tu montais dans sa petite chambre, sachant exactement ce que tu voulais.

En 49, à l'âge de quinze ans, fille de famille bourgeoise, tu as un amant.

« Tu te rends compte, j'avais un amant à quinze ans », et tu ris, tu ris.

Tu ris encore plus quand je t'avoue que dix ans plus tard, en 59, j'avais vingt et un ans et j'étais toujours puceau. En 59, on ne couchait pas, à moins d'être marié. On pouvait coucher avec une prostituée, avec une fille de famille, non. Cela n'existait pas.

L'idée même de toucher un sein, cela me mettait à l'époque dans un état de transe. Je rêvais d'être fille pour avoir des seins, imaginant alors ma vie. Je passerais mon temps à me caresser et je ne comprenais pas comment les filles qui avaient cette chance inouïe, avoir en permanence avec elles deux seins, faisaient pour mener une vie normale sans être obsédées par l'idée de se caresser en permanence. Alors, quand j'ai rencontré Martine et ses idées sur l'amour libre, j'ai cru que j'étais le plus chanceux du monde, et je l'ai payé le jour où je me suis retrouvé, idiot, coupable, soulagé, sur le quai de la gare de Dijon et elle, seule, dans le wagon de l'autorail. Et puis Nicole, et puis toi qui m'apprends tout.

Tu ne sortais jamais seule dans la rue, on t'accompagnait pour aller à ton école, le cours Hattemer, et à ton retour.

Alors tu séchais les cours pour rejoindre Vadim avec ton cartable, tes nattes brunes dans une petite chambre du 15, rue de Bassano, prêtée par le meilleur ami de Vadim, Christian Marquand. C'est son père qui lui louait le studio, en échange les deux garçons payaient leur loyer en collant des timbres sur des enveloppes. Des milliers d'enveloppes. Mais cela valait le coup. Un grand sommier et un matelas en toile à rayures bleues, une petite table en formica jaune et sa chaîne assortie, un lavabo d'eau froide. Tu étais amoureuse de Vadim et je te comprends. Un grand jeune homme enthousiaste, prêt à tout, aimant la bonne vie et les jolies filles. Tu savais ce que tu voulais, être une vraie femme. Tu es montée toute contente la première fois au sixième étage. Vadim a imité la signature de ta mère, tu étais excusée pour le cours d'algèbre.

Vous n'aviez qu'une heure devant vous. Vadim prenait son temps. Et toi tu lui demandais, impatiemment, « alors, c'est bon, je suis une vraie femme maintenant ? ».

Après, tu es rentrée dîner chez tes parents, les yeux baissés à table, dînant en silence, crème de légumes, carottes Vichy et rosbif, tu mangeais de bon appétit et tu ne pensais qu'à ça, jusqu'où vous étiez allés avec Vadim, ce qu'il avait touché et toi ce que tu avais osé faire. Tu regardais ta mère, les ongles peints en rouge, le chignon parfait, l'air déçu par ceux qui l'entouraient, son mari, ses deux filles. Tes parents font chambre à part.

Et toi, dans ce lit trop étroit pour deux personnes, tu découvres la liberté, tu as toute la place.

Avenue Paul-Doumer, ton lit de jeune fille est recouvert d'un édredon en toile de Jouy rose pâle, assorti aux rideaux. Une commode ancienne qui vient de tes parents, tu as posé dessus un vase toujours fleuri, des roses, des tulipes, des pivoines. Nous, c'était la saison des pivoines, le début de l'été.

Tu m'expliquais « tu vois ces fleurs, plus elles vieillissent, plus elles s'épanouissent et elles sont belles ».

Au sol, un parquet. C'était la mode des tapis à grosses fleurs, mais tu y avais renoncé, car ils étaient si peu pratiques pour ton vieux chien. Il dormait sur ton lit, à tes pieds. Parfois, je me plaignais de sa présence. Tu étais furieuse.

« Comment oses-tu te plaindre d'un si gentil chien ? »

Tu es la première personne libre que je rencontre.

C'est un détail, mais il m'avait frappé. Nous sortons déjeuner, tu meurs de faim. Tu entres dans une boulangerie pour t'acheter un croissant. Je trouve ça idiot, je tente de te convaincre de ne pas toucher à ce croissant puisque nous serons à table dans quelques minutes. Tu me regardes l'œil noir en croquant la pointe du croissant. « Ne me dis plus jamais ce que je dois faire. »

Nous descendons la rue Mouffetard, tu es accrochée à mon bras, tu ris, tu me dis « on rit comme ça quand on est très amoureux ».

On a décidé de voir tous les Raoul Walsh parce que le Studio Action propose un festival. On a vu *La Blonde et le Shérif* et on s'est arrêtés là.

On parle de notre avenir, nous allons être heureux, partir en vacances, nous disputer parce qu'il te faut des heures pour te préparer avant de sortir, je suis pressé, je suis déjà sur le palier, mon blouson sur l'épaule, je t'appelle, tu ne réponds pas, je t'appelle de plus en plus fort, comme si tu ne m'entendais pas. J'ai peur que tu m'oublies pour de bon.

Nous allons ranger les courses de la semaine, les tomates choisies ne sont pas les bonnes, tu es agacée de mon étourderie, tu es si sèche tout à coup, je perds toute confiance, je suis indigne de toi, tu vas vite t'en apercevoir, si tu ne le sais déjà.

Nous déjeunons, nous parlons du général de Gaulle et nous sommes étonnés de ne pas être d'accord. Je te dis, parce que je viens de le lire dans *France-Soir*, qu'il y a 191 000 personnes en France qui ne trouvent pas d'emploi, ils étaient 143 000 l'année dernière, c'est inquiétant. Tu es d'accord avec moi.

« Comment ils vont faire tous ces gens qui n'ont pas de travail pour acheter à manger à leurs enfants ? »

Tu es sincèrement inquiète.

La loi sur la légalisation de la contraception est examinée en première lecture à l'Assemblée nationale le 1er juillet 67.

Tu aimerais rencontrer Lucien Neuwirth, qui est à l'origine de la loi.

Tu achètes *L'Express*, je ne sais pas si c'est ton habitude. Tu veux tout savoir.

Je te répète cette blague que j'ai lue aussi dans ce journal et qui n'est pas drôle.

« Comment appelle-t-on une femme qui ne prend pas la pilule ?

— Une maman. »

Tu lis l'éditorial de Françoise Giroud. Elle cite les propos d'un député qui proclame « on ne peut pas obliger les médecins à s'occuper des cochonneries de ces dames ».

Tu t'effraies des réactions violentes, elles ressemblent à celles qui te sont adressées. « La pollution de la jeunesse ». « La domination du sexe ». C'est toi aussi.

Nous admirons un canapé en plexiglas transparent dans *Art et Décoration.* On pourrait l'acheter.

La vie que nous aurions eue tous les deux, avec la pilule et un canapé en plexiglas.

J'aurais fait semblant de ne pas voir que tu me trompais, j'aurais dit « tu me rends si heureux », et cela aurait été sincère. Au bout d'un an ensemble, tu serais partie en tournage à Almeria sans moi, j'aurais attendu tes lettres, tes appels toujours trop longs à venir, le téléphone marche si mal, je n'ai pas de ligne chez moi, et en Espagne, il n'y a qu'un poste qui marche par intermittence pour tout le village, je t'attends depuis des mois, je crois que tu es moins pressée que moi de nous retrouver.

Nous aurions aussi connu l'hiver, l'automne et toutes les saisons, pas seulement un mois de mai, un mois de juin et quelques semaines de juillet, sous la neige tu aurais porté des bottes blanches en vinyle, un bonnet en crochet violet et blanc, il n'y aurait pas eu de photographes pour nous suivre, nous n'aurions pas eu d'enfant, nous aurions pris des trains, des bains de mer, nous aurions mangé des spaghettis, fait brûler des casseroles, froissé des draps, laissé sur le sol des serviettes mouillées, oublié d'éteindre la lumière, nous ne serions pas passés loin d'un accident de voiture, nous nous serions ennuyés parfois, je t'aurais attendue, nous aurions été de vieux amants, nous aurions été démodés ensemble. Je crois que nous aurions été heureux.

Un des premiers dîners chez toi, avenue Paul-Doumer. Tu m'as demandé de fermer les yeux avant d'entrer dans la cuisine. Tu es excitée comme une petite fille. Tu nous as fait la cuisine, le livre de Ginette Mathiot est encore ouvert sur la table. Tu as préparé du veau à la sauce tomate, « c'est comme à Rome ». J'acquiesce. Nous avons déjà des bons souvenirs.

Nous nous mettons à table. J'ose à peine te regarder, j'en profite dès que tu te lèves et me tournes le dos pour t'apprendre par cœur, tes jambes, tes cheveux, la courbe de tes reins, je pense au temps que tu as passé à remuer ces tomates dans une casserole et au mouvement de tes fesses accompagnant celui de ton bras, à ta jupe qui paraît transparente.

Rien à voir avec les vêtements sexy que l'on trouve aujourd'hui.

Non, c'étaient tes fesses, leurs rondeurs, la manière dont le tissu se posait sur elles, il ne les « moulait » pas, il accompagnait leur parfaite rotondité, laissant presque percevoir le duvet transparent qui les recouvrait, comme s'il avait été conçu pour elles.

Je te parle d'un épicier à Rome qui m'avait expliqué en détail la cuisson des raviolis. Les plonger dans l'eau bouillante et retirer la casserole du feu, ainsi l'eau de cuisson ne rentre pas à l'intérieur des petits chaussons de pâte.

Tu me poses des questions précises sur ma vie, tu m'écoutes comme si je te parlais de la chose la plus passionnante du monde. Alors je te regarde et je te raconte.

Je suis né le 3 mars 1938 à Oujda, ville à la frontière algérienne, proche du Maroc espagnol où vivaient des Français, des musulmans, des Européens, des juifs. La plage de Saïdia, les montagnes, l'école Sidi Ziane, l'oasis de Sidi Yahia, le mimosa, les eucalyptus et les magasins de mon père.

Il possédait deux grandes boutiques réputées où il vendait les plus grandes marques parisiennes.

Les chemises Van Laack en popeline, en fil à fil, en oxford, bleues, blanches, à fines rayures violettes ou vert anglais, à carreaux bleus, roses, jaune paille, vert tendre. Les costumes de chez Bayard et de chez Balmain, en flanelle feutrée, en tweed à carreaux fenêtres olive, en seersucker pastel, en lin crème.

À Oujda, à la fin des années 40, il y avait une clientèle pour ce type de vêtements.

La ville était un carrefour commercial entre l'Espagne, l'Algérie et la France.

Il y avait dans la ville de grands hôtels chic comme le Transatlantique, des banques à chaque coin de rue, quatre cinémas.

Je passais devant les magasins de mon père, rue de Maghnia, la rue commerçante d'Oujda, l'autre était dans le quartier des expatriés, Bab el-Khemis, j'admirais les vitrines comme si j'étais un client, les mannequins de cire, habillés à l'anglaise, leurs costumes d'alpaga blanc cassé, j'étais fier, je trouvais cela beau, j'étais curieux, y avait-il, quelque part dans ce monde, d'autres beautés ?

J'avais seize ans quand il m'a envoyé pour la première fois à Casablanca prendre des commandes chez des représentants. J'avais peur, mais tout de suite, j'ai su ce qu'il fallait acheter. Dans quelles quantités. Dans quelles couleurs.

Je suis parti seul à Paris à dix-huit ans en rêvant de travailler dans le cinéma.

À Oujda, au Gaumont et au Triomphe, les deux salles que je fréquentais, on projetait le meilleur du cinéma américain, on projetait tout Howard Hawks.

Le monde meilleur que je cherchais était-il là ?

C'est cela que je voulais faire. Pas vendre des costumes même s'ils sont en alpaga blanc cassé.

Tu te souviens du tailleur de Lauren Bacall dans *Le Port de l'angoisse*, le pied-de-poule noir et blanc ?

J'avais à peine dix ans quand j'ai eu le droit de le voir.

Pour moi, on n'a jamais fait plus élégante que Lauren Bacall dans ce film, le cran dans ses cheveux châtains, son tailleur qui soulignait sa taille, ses hanches, ses seins.

J'ai trouvé un tailleur équivalent chez Franck & fils, je te l'ai offert. Tu t'es exclamée « oh merci, tu es si gentil ». J'ai vu que ce tailleur ne te plaisait pas. Un truc de vieille dame. On était en 67, l'année des combinaisons en tissu-éponge mandarine et je t'offrais un tailleur qui avait été à la mode en 44.

En arrivant à Paris en 56, j'ai commencé par vendre des meubles en porte-à-porte pour gagner des sous. J'étais bon, je savais écouter les clients, je comprenais vite, s'ils étaient prêts à acheter ou s'il fallait les laisser tranquilles, revenir dans six mois.

J'étais bon, mais j'étais obsédé par le cinéma, par Lauren Bacall et Humphrey Bogart, par l'idée de ne pas suivre mon père, d'appartenir à ce monde où une femme pouvait porter un tailleur pied-de-poule et apostropher un homme : « *You know you don't have to act with me, Steve. You don't have to say anything, and you don't have to do anything. Not a thing. Oh, maybe just whistle. You know how to whistle, don't you, Steve ? You just put your lips together and... blow.* »

J'avais quitté Oujda pour rencontrer une femme comme celle-là, pas pour vendre des meubles en porte-à-porte.

J'étais arrivé là par hasard, sans vraiment le choisir.

Et je gagnais de l'argent avec cette histoire de meubles.

À vingt-deux ans, je dirigeais une équipe de trente vendeurs sur Paris.

Cela me changeait des costumes de mon père, mais j'étais ramené à ce talent, vendre, qui me collait à la peau et dont j'aurais aimé me défaire.

Ce qui me gênait aussi, c'est que je n'aimais pas ces meubles.

Je jugeais qu'on aurait pu faire aussi peu cher et plus coquet.

Avec ce que je gagnais, je flambais en boîte, je payais des coups à boire, il y avait les filles. J'ai appris à draguer, à trouver les bons mots. C'est comme ça que cela a marché avec Nicole.

Un jour, quand je serais prêt, je l'épouserais.

En attendant, ce que j'aimais, c'était rendre service, avec ma voiture je ramenais des filles et parfois des garçons chez eux, au milieu de la nuit.

Sans rien demander de plus, juste pour le plaisir de conduire la nuit ma Mini jaune d'or.

Et puis aller au cinéma.

Je passe une semaine de vacances à Nice, en juin 63.

Avec l'argent gagné dans le meuble, j'ai invité ma mère au La Pérouse, un hôtel du vieux Nice.

Elle avait quitté Oujda, vivait seule à Neuilly-sur-Seine dans un petit appartement, recroquevillée sur elle-même, refusant de fréquenter les anciens du Maroc, ses amies du Club des sports d'Oujda.

Mon père lui envoyait une pension, son unique refuge était la lecture.

Du Barbara Cartland.

Boulevard du Roule, un libraire où elle se fournissait en romans sucrés l'avait repérée.

L'assurant que Barbara Cartland avait réduit son rythme de parutions et qu'il n'avait rien de nouveau à lui vendre, il lui faisait découvrir de nouveaux auteurs.

À Nice, allongée sur son transat, elle lit *Rebecca* de Daphné du Maurier.

Le soir, nous prenons nos habitudes au restaurant La Camargue*.

C'est là que je rencontre Renée Lichtig.

Elle est en vacances avec sa jeune sœur.

Cela doit l'amuser, un jeune type qui dîne tous les soirs avec sa mère. Elle aussi a ses habitudes à La Camargue.

Elle parle à tout le monde. Sa sœur est toujours silencieuse.

Nous faisons connaissance. Je lui raconte les salles de cinéma d'Oujda, Lauren Bacall et

---

* Un restaurant du vieux Nice qui a appartenu à Alain Delon dans les années 60. *(N.d.A.)*

Humphrey Bogart, *Le Port de l'angoisse.* Elle me raconte son travail de monteuse, elle a remonté *La Grande Illusion* avec Jean Renoir, elle me parle de la Cinémathèque, me cite des milliers de films que je n'ai pas vus. Je me lance, je cherche du boulot dans le cinéma, n'importe lequel.

« Tu connais quoi ? C'est quoi, ton secteur ?

— Le vêtement. »

Elle propose de me présenter un producteur, Gilbert de Goldschmidt. Il fréquente lui aussi la Cinémathèque. Il paraît qu'il cherche un assistant costumier.

En rentrant à Paris, je prends rendez-vous avec lui et je deviens un habitué de la rue d'Ulm, des soirées cinéphiles chez Renée dans son appartement de cette rue en coude, derrière Le Select à Montparnasse et dont le nom m'échappe.

Mon salaire sera divisé par trois, mais je vais travailler dans le cinéma.

Je l'annonce à mon père, il est furieux.

« Tu gâches ta vie, tu as vingt-cinq ans, tu n'es pas marié et tu n'as plus de vrai boulot ! »

Ma mère ne dit rien, comme d'habitude. Elle lit, de Daphné du Maurier, grâce au libraire de l'avenue du Roule, elle est passée à Jane Austen.

Le premier film sur lequel je travaille, grâce à Renée, a un drôle de titre, *Coplan FX 18 casse tout*, une histoire d'espionnage et de philosophes réfugiés politiques.

Puis Gilbert de Goldschmidt m'engage sur *Les Demoiselles de Rochefort*. En mai 67, tout est simple.

Sur le tournage des *Demoiselles*, je travaille comme assistant d'une des costumières, Jacqueline Moreau. C'est un travail merveilleux, un des premiers films tournés en couleurs et en cinémascope. Jacqueline Moreau m'apprend à assortir les couleurs, les roses, les jaunes, à chercher partout la gaieté. Elle m'envoie au Mouton à cinq pattes, la solderie de la rue Saint-Placide, chez les couturiers, au marché Saint-Pierre. Elle adore, comme

Jacques Demy, la robe en paillettes rouges de Marilyn Monroe dans *Certains l'aiment chaud.* Elle la fait reproduire pour Françoise Dorléac et Catherine Deneuve.

Mes premiers pas dans le monde nouveau datent de là, 66, un an avant notre rencontre. Je suis encore timide, je m'amuse bien mais de loin, c'est là que je rencontre Dominique. Elle est la secrétaire de Gilbert de Goldschmidt.

Je suis amoureux de Nicole, enfin je me convaincs que je suis amoureux de Nicole, mais chaque fois que je croise Dominique par hasard, j'ai le cœur qui bat et j'ai un nœud dans le ventre.

C'est la première fois que je ressens cela et je ne sais pas encore le nommer.

Dominique sait exactement qui elle est. Dominique ne fait pas semblant.

Je le sens et je trouve ça formidable.

Dominique entre dans le bureau de Gilbert de Goldschmidt. Elle a frappé avant, mais n'attend pas qu'on lui propose d'entrer.

Elle sait qu'elle est attendue. Je ne sais pas si elle est jolie, elle a une mousse de cheveux châtains sur la tête, des robes un peu trop courtes comme celles des *Demoiselles*, toutes les filles sur ce tournage étaient sous influence. Dominique a les pommettes hautes, les yeux bleu clair, elle est minuscule, elle a l'air d'avoir dix-huit ans, elle a beaucoup d'humour et de sa démarche se dégage une assurance dans laquelle n'entre aucune arrogance.

Elle parle vite, rigole pour rien, montre ses jambes.

Goldschmidt lui demande de réserver une table pour le déjeuner au Berkeley. Elle répond « je le fais parce que je vous aime bien, monsieur. Je le ferai aussi parce que je suis payée pour cela mais je vaux davantage, je veux faire plus que cela. Alors ? ». Elle sort du bureau sans attendre la réponse, voir si sa sortie a eu de l'effet, si on la trouve gonflée.

Dominique fait battre mon cœur. Une fois, deux fois, trois fois, je ne tente rien. Je ne suis pas prêt. Pourtant, je vois bien qu'autour de moi, les choses changent. Les murs colorés de La Rochelle peints exprès pour le film, le café aux murs de verre, les minirobes de Catherine Deneuve et de Françoise Dorléac.

Quand, de temps en temps, je pense à Martine, à la gare de Dijon, moi seul sur le quai avec ma cigarette, je me déteste, je ne veux plus être ce type dans la fuite.

Je veux être et je suis un garçon bien.

Je suis avec Nicole, je tente d'oublier Dominique et sa jupe rose.

Elle resurgit, trente ans plus tard. C'est à la télévision, une retransmission de la cérémonie des César, cela doit être en 85 ou 86. J'entends son nom glissé dans la liste des remerciements d'un réalisateur, peut-être Pierre Granier-Deferre ?

Elle est devenue productrice.

J'ai le cœur qui bat. Je suis de nouveau en 66. Je reconnais sur un plan de coupe, de dos, ses cheveux mousseux. J'en ai alors la certitude, Dominique est une fille qui se donne entièrement.

Tu es souvent nue quand toi tu me parles.

Je ne te touche pas même si j'en meurs d'envie parce que je sais que si je t'effleure les fesses, les oreilles, le cou, on va arrêter de se parler et j'aime t'entendre me parler de toi.

Tu es allongée, nue, sur le ventre, les jambes croisées, ton visage appuyé sur tes coudes et tu me racontes comment ton père t'a portée sur ses épaules pendant vingt kilomètres pour te ramener à Paris à la fin de la guerre, comment il t'a fessée devant un camarade parce que tu n'avais pas respecté la permission de minuit, tu me racontes l'histoire de ton grand-père Boum, officier pendant la

Première Guerre mondiale. Ton grand-père Boum qui était le seul à croire en toi, qui a convaincu tes parents de t'autoriser à participer à ton premier casting organisé par Vadim pour un film de Marc Allégret, *Les Lauriers sont coupés*, qui ne verra jamais le jour. Ton grand-père Boum qui te savait assez intelligente pour te raconter les tranchées, la boue et l'humidité, la faim. Tu souffrais pour lui. Tu avais partagé cela à ton tour avec Vadim.

Vadim t'avait avertie.

« Boum ne te raconte pas tout. Est-ce que Boum t'a rapporté qu'à force de vivre dans l'humidité, les poilus avaient les couilles qui finissaient par traîner par terre ? Le pauvre Boum comme tous les anciens de la Grande Guerre devait se les attacher. C'est pour cela que les vélos d'hommes ont une barre centrale, afin de les enrouler et qu'elles ne traînent pas, elles risqueraient de s'emmêler dans les roues. »

Tu as cru Vadim. Tu te moquais de toi avec joie.

Le soir, on se promène dans des quartiers que tu ne connais pas, rue Mouffetard, boulevard Saint-Michel, rue Saint-Jacques.

Notre premier soir à Paris, nous allons dîner dans un petit restaurant de la rue de la Montagne-Sainte-Geneviève. Tu manges de bon appétit, deux verres de vin, un dessert. Je suis épaté de voir une fille qui ne chipote pas.

Tu continues de me poser plein de questions. Je réponds Martine, Nicole, Dominique.

« Tu étais très amoureux de Dominique ? »

« Comment vous êtes-vous rencontrés ? »

« Tu l'as aimée tout de suite ? »

« C'était un coup de foudre ? »

« Pourquoi tu ne le lui as pas dit ? »

« Pourquoi tu ne l'as pas épousée ? »

« Tu crois qu'elle t'aimait aussi ? »

« Tu as des nouvelles ? »

« Elle doit être adorable, non ? »

« Mais enfin, pourquoi tu ne le lui as pas dit ?

— Parce que nous ne serions pas ensemble ou parce que je l'aurais quittée pour toi. »

J'insiste pour que nous allions jusqu'au Vert-Galant, ce bout de terre en face du Pont-Neuf. Tu sais, comme on fait quand on est amoureux, on a envie de tout partager, montrer ses lieux préférés.

Toi, c'est ta maison à Saint-Tropez, tu me promets qu'on ira ensemble bientôt.

Moi, c'est le Vert-Galant.

On s'assied dans le square face à la Seine. Tu connais le nom de tous les arbres, les marronniers, les saules pleureurs, bien sûr, mais aussi les noyers, les érables et un catalpa.

Tu t'approches doucement des cygnes et des canards.

Je n'ai jamais regardé un canard de ma vie et voilà, comme toi je me mets à les observer.

Je suis prêt à les trouver merveilleux moi aussi, à être aimant avec tout ce qui est vivant.

Après, tu me disais souvent « et si on retournait au Vert-Galant ? »

Comme s'il suffisait d'un décor pour retrouver l'infini d'un premier soir.

Après, ce n'était déjà plus pareil. Nous avions presque des habitudes. Les bains ensemble, les dîners que tu prépares remuant une cuillère en bois dans la casserole, toi de dos, moi te regardant, « Dim Dam Dom » à la télévision, les sorties au cinéma, les coups de téléphone d'Odette, ta maquilleuse, de ta mère, d'Olga, j'écoute vos conversations et tu poses ton doigt sur ma bouche pour que je me taise, je glisse ton doigt dans ma bouche et tu me fais les gros yeux.

On invente nos habitudes, notre vocabulaire. Enfin, j'adopte le tien, tes mots, tes expressions.

« On s'emmerde pas ! », « ne parlons pas de ce qui est moche », « bijou, bijou, bijou, j'aime les bijoux ».

Je m'étonne.

« Mais non, mon bêta, c'est comme cela que les Brésiliens nomment des biscuits secs qui ressemblent à des crêpes. »

J'aime ces habitudes. Notre univers commence à être défini et il me plaît.

Nous avons de bons jours devant nous.

Quand nous ne nous promenons pas, le soir, nous sortons. Je t'emmène danser dans une petite boîte, La Cabane de Don Carlos. Un type joue de la guitare, personne ne nous regarde.

Puis on marche dans les rues de Paris jusqu'à 2, 3 heures du matin, main dans la main.

On s'embrasse sur la bouche. On est pressés de rentrer. Je dors à peine, sans être jamais fatigué.

On était surveillés par ce drôle de couple. Samir et Monique.

Ils se ressemblaient, Samir, grand, maigrichon, obséquieux, des chaussures pointues, Monique, blonde, des jambes comme des allumettes et un ventre rebondi qu'elle tentait de cacher sous des robes trop fleuries.

Lui me faisait de grands sourires collants, tout va bien pour toi.

Elle nous flattait de manière absurde.

Ils faisaient ami-ami avec nous, mais nous savions que tout était rapporté le jour même à Gunter. Tu détestais Samir et tu pensais ne pas avoir le choix, il fallait se le coltiner. « Vraiment un sale type. » Tu croyais Monique innocente. « Elle est rigolote, c'est mon amie. »

J'ai vite compris que « l'amie » aussi émargeait chez Gunter.

On n'arrêtait pas de les croiser par hasard, rue des Écoles, rue Saint-Jacques, dans le jardin du Luxembourg, chez Pons, le salon de thé, chez Mahieu, le café du boulevard Saint-Michel. « Comme c'est rigolo, prenons un verre, que faites-vous dans ce quartier ? »

Ils nous interrogeaient, faussement amicaux.

« Vous allez à Saint-Tropez ? »

« Tu accompagnes Bri au déjeuner chez les Lazareff dimanche à Louveciennes ? »

« C'est bien, vous avez raison de rester tous les deux, de ne voir personne, de profiter de votre amour. »

J'en avais vraiment ma claque de ces deux-là, mais c'étaient eux qui maintenaient les paparazzis à distance. Gunter ne tenait pas à ce qu'apparaissent des photos de sa femme avec un amant.

Le boulot de Samir, c'était d'éviter que l'on puisse croire que « l'homme au tigre » était cocu. Tous les trois ou quatre jours, la presse publiait des photos ou des échos sur toi.

Tu lis les journaux et tu ne les aimes pas. Quand on parle de toi, tu t'énerves, tu cries « c'est n'importe quoi ».

Durant ces mois de mai et juin que nous passons ensemble, tu es, si on lit la presse, censée être avec Johnny Hallyday, puis avec ton mari, avoir mis La Madrague en vente. Ça n'arrêtait jamais. Dans *France-Soir*, tu étais à Deauville et Gunter avait gagné un million au casino, dans *Elle*, tu étais à Saint-Tropez, tu avais chanté avec Johnny, dans *Match*, toujours à Rome où tu faisais les boutiques, dans *Marie Claire*, tu posais avec ton fils et un poney dans un champ de marguerites. Et ainsi de suite, tout était à moitié vrai, à moitié faux.

J'étais terrifié à l'idée que quelqu'un me tape sur l'épaule et me dise « mon coco, c'est bien joli ton histoire, maintenant tu rentres chez toi et tu arrêtes de rêver ».

Tu viens à peine de te réveiller, tu as encore les yeux fermés, tu es une jeune femme de trente-deux ans nue dans son lit, tu tends la main, tu tâtonnes, tu ouvres un œil, regardes sous un oreiller, puis l'autre, soulèves le drap, t'allonges vers le bord du lit pour regarder en dessous, d'un côté, puis de l'autre. Tu cherches de manière très méticuleuse. Tu me cherches. C'est ce que tu murmures.

Je suis là, je te regarde. J'ai oublié ce qui m'effrayait il y a trente secondes.

Tu as faim, tu bois du thé, tu coupes ton croissant en deux, ajoutes une couche de confiture à la fraise, tu imites Gunter et son accent, tu me parles d'un projet de western à Almeria réalisé par Edward Dmytryk dans le sud de l'Espagne. Tu t'absenterais deux mois. Ce n'est pas grave. C'est rien, deux mois.

Je ne t'embrassais jamais en premier, je te tournais autour, incapable de faire le premier pas. J'avais toujours peur que tu refuses, je te laissais faire.

Pour les hommes et les femmes, tu sais tout mieux que moi.

Ce que je sais faire, c'est cela, entrer chez un fournisseur, annoncer « ce manteau, j'en veux cent en gris, et cette veste, j'en prends trois cents », et je vendrai les cent manteaux, pas un de moins, et les trois cents vestes.

D'un coup d'œil, je vois la différence entre une trame de 150, avec le fil le plus long, et un tissu au fil court.

Je sais que ce manteau va se vendre, cet autre moins.

Tu te moques de moi parce que je fais une remarque sur un homme à la veste impeccablement coupée que nous venons de croiser.

« Tu ne serais pas un peu homo ? »

Qu'est-ce que tu aimes chez moi ?

Je te pose la question.

Tu réponds « tu es le garçon le plus gentil que j'aie jamais rencontré ».

Je te crois, j'ai oublié Martine et la gare de Dijon, j'ai oublié Nicole et même Dominique.

Quand nous sommes rentrés à Paris, je suis allé chercher Nicole chez ses parents rue de la Pompe.

Elle devait se douter d'un truc. Je la trouve amaigrie. Elle est maquillée avec soin, les yeux soulignés de noir, les cheveux ramenés en chignon bouffant.

En 67, toutes les jeunes filles se maquillent et se coiffent comme Brigitte Bardot.

Nicole paraît toute frêle sur ses talons, ses jambes si solides ont perdu de leur force.

Son parfum me trouble un peu.

Il faut que je lui dise que ma vie a changé, qu'une porte s'est ouverte, que j'ai découvert un monde que je ne soupçonnais pas. Elle me demande « tu as rencontré quelqu'un d'autre ? ».

Elle pleure, tout le long de la rue de la Pompe jusqu'à l'avenue Mozart, elle pleure. Je lui dis ton nom.

Alors là, elle s'arrête de pleurer, elle éclate de rire.

« Tu te fiches de moi ou tu es mythomane, c'est ça, un menteur ! Sois courageux, dis-moi qui c'est, comment elle s'appelle. »

Je répète ton prénom et ton nom.

Elle crie « menteur, menteur, menteur » et j'entends en écho la voix de ma mère dans les rues de Rome en juillet 53, « menteur, menteur », hurlait-elle à mon père.

Ma mère se trompait-elle comme Nicole à cet instant ?

Je n'ai aucun argument. Comment lui prouver que nous existons pour de vrai ?

Alors, je renonce, j'invente une histoire. Je pense à Dominique, et je lui décris Dominique, une fille qui a confiance en elle et dans les autres.

Nicole fond de nouveau en larmes. Je la force à faire demi-tour, car on approche de l'avenue Paul-Doumer, elle se laisse faire, je la raccompagne jusqu'à la porte de chez ses parents. On croise sa mère qui m'assène « vous avez gâché la vie de ma fille. Vous allez aussi gâcher la vôtre ».

Je cours jusque chez toi.

Tu ne ressembles à aucune autre fille. Aucune.

Tu es la première femme au monde à porter des minishorts et des tee-shirts. Et la première fois que je te vois en porter un, à Rome, un dimanche du début du mois de mai 67, je ne peux pas m'empêcher de penser que cela ferait un tabac, ces minishorts et ces tee-shirts.

Quand tu n'es pas en minishort, tu t'habilles d'une robe très courte et colorée, une grosse ceinture sur les hanches. Tu portes aussi des robes en madras, des jupes-culottes, des robes-culottes et même, un jour, une combinaison en éponge. Un soir, tu enfiles un pantalon milleraies et un cache-cœur pour aller dîner au restaurant chinois.

Tu es la première à faire tout ça.

Tu alignes dans ton placard des chaussures blanches, orange, jaunes, roses, rouges, vertes, avec des talons et le bout carré de chez Roger Vivier et aussi une paire de cuissardes en daim qui me fascine. Tu vas chez Mic Mac, chez Choses, à La Gaminerie et dans la boutique Colifichets ouverte par Dior avenue Montaigne.

Je pourrais réciter la liste de tous tes vêtements.

Une sorte de réflexe, je ne peux pas m'empêcher de retenir la coupe d'un vêtement, son tissu. Certains s'intéressent à la littérature, moi c'est le tissu. Je pourrais te décrire aujourd'hui, avec la même admiration et la même précision, le costume en barathea bleu prune, la cravate de reps, le gilet crème en toile, la chemise à rayures bleues et col blanc d'un homme rencontré à un dîner l'hiver 74.

Cela ne veut pas dire que je crois que l'élégance suffise à faire d'un homme quelqu'un de bien, trop d'élégance peut n'être qu'un maquillage.

Mais un type vraiment chic, je le remarque.

Mon père avait du style. Cela vient peut-être de cela.

Quand il se promenait dans Oujda, saluant les uns et les autres, je voyais bien qu'on l'observait. Il avait cette manière d'ouvrir la porte d'une main ferme dépassant d'un blazer croisé de serge, d'allonger la jambe, puis l'autre, l'ourlet du pantalon de flanelle qui cassait avec souplesse sur ses Derby double boucle en veau glacé, il donnait l'impression de maîtriser parfaitement le monde et sa place dans le monde.

C'est ce même sentiment qui m'avait épaté chez Dominique quand je l'ai rencontrée dans les bureaux de Gilbert de Goldschmidt en 64, elle était la première femme chez qui je voyais ça. La maîtrise d'elle-même.

J'aspirais à y arriver, moi aussi, par imitation. Cette façon de regarder droit devant soi, certain de ses appas.

J'imitais donc, me tenant bien droit et, comme mon père, paré de longues chaussettes, de chemises blanches, de vestes sur mesure.

Tu m'observais, à ton tour, quand je me rasais, puis m'aspergeais de Vétiver de chez Carven, préparant mes vêtements la veille, linge de corps, costume.

Je pensais pouvoir dominer ma vie actuelle et aussi l'avenir.

Tu devais le sentir, que tout cela était important, que ce n'était pas par sens pratique que je procédais de la sorte car, très vite, tu as commencé à le faire pour moi.

Avant que nous nous endormions, tu te relevais, rangeais les affaires que nous avions retirées l'un pour l'autre et qui jonchaient le sol. Tu pliais mon pantalon, ramassais ma chemise, mon linge.

Nous étions très « installés », comme s'il fallait le plus vite possible que nous soyons un vieux couple avec nos habitudes.

Cela devait nous rassurer tous les deux, toi de manière fugitive, moi pour de bon puisque je suis toujours ainsi et que ces gestes d'attention que tu accomplissais pour moi, Bonté les répète aujourd'hui.

À la Paul-Doumer, ta salle de bains est presque plus grande que ta chambre.

Une baignoire, une coiffeuse à volants recouverte de fards, crèmes, brosses à cheveux, une bouteille géante de ton parfum, L'Heure bleue de chez Guerlain.

Tu prends deux bains par jour. Tu ajoutes dans l'eau quelques gouttes d'huile d'amande douce. Tu expérimentes toutes les recettes des magazines féminins. Des rondelles de concombre sur les yeux. De l'eau minérale pour te rincer les cheveux.

Tu ajoutes de la mousse dans ton bain, cela déborde.

Tu chantes « Maman les p'tits bateaux » en dessinant d'un doigt des voiles dans la mousse.

Tu m'appelles : « Regarde, regarde, j'y suis presque arrivée ! »

Tu passes de longues minutes à te coiffer, une brosse dans chaque main. Dix minutes le matin, dix minutes le soir.

Tu es toujours maquillée même pour dormir. Tu te démaquilles et te remaquilles aussitôt.

Après l'amour, ton mascara a coulé sur tes joues, tu as des traces de poudre colorée sur les tempes, je te trouve encore plus ravissante ainsi.

Tu te regardes dans la glace, tu nettoies ces traces de poudre colorée, ce mascara qui a coulé sur tes joues. Tu te trouves belle, tu me demandes « je suis belle, non ? ». Et puis tu changes d'avis, « je suis belle, je suis laide, je suis belle, je suis laide ».

Tu en viens à te détester car tu aperçois un bouton d'acné sur ton menton. Tu le regardes fixement dans un petit miroir grossissant. Je fais semblant de ne pas t'observer, mais je vois bien que tu ne penses plus qu'à cela. Le monde entier va voir ce bouton. Tu tentes de le cacher avec un fond de teint épais. Mais on le devine toujours.

Cela n'a aucune importance pour moi. Le lendemain, tu me décris une scène de reproche de Jacques, ton deuxième mari. Il te culpabilisait – « tu gâches ma vie, ma carrière, j'ai tout sacrifié pour toi, tu es égoïste » – parce que tu avais refusé de l'accompagner à l'avant-première d'un film à cause d'un minuscule bouton.

Tu l'imites très bien. Tu imites très bien les hommes que tu n'aimes plus. Pour Jacques, tu prends une voix amère. « C'est important. On doit se montrer ensemble amoureux, taire les vilaines rumeurs sur notre séparation. Tu es ridicule, une idiote, tout cela pour un bouton, ma pauvre fille.

Pense un peu à moi et à ma carrière, il faut que l'on me voie avec toi, comment veux-tu que les producteurs ne m'oublient pas, sinon ? »

Et c'est comme s'il était à nouveau dans la pièce avec ses reproches.

Tu n'arrives pas à te calmer. Le khôl noir coule sur tes joues, mélangé au fond de teint. Tu te roules en boule sur le tapis de la salle de bains. Tu dis que tu veux mourir.

La peur prend toute la place, plus rien d'autre n'existe.

Je suis impuissant. Je ne comprends pas.

Que s'est-il passé, on était si heureux il y a quelques heures et maintenant tu ne peux plus arrêter de pleurer. Tu es engloutie par une vague noire dont j'ignore tout.

À Oujda, il arrivait que mère s'enferme des jours dans sa chambre, sans sortir, sans se lever, on n'entendait aucun bruit.

On me disait « ta maman est fatiguée, elle se repose ».

Quand elle ressortait, elle restait silencieuse, ne donnant aucune explication à son retranchement.

Je connaissais aussi les larmes de Nicole, elles étaient faciles à traduire. L'engagement, le mariage, ces désirs qui n'étaient pas satisfaits.

Mais toi ?

Cela ressemblait à une douleur d'enfant jamais consolée.

J'ai lu dans ton autobiographie ce passage qui m'a glacé pour la petite fille que tu étais. Tu casses, en jouant avec ta petite sœur, une potiche de prix. Vous êtes de toutes petites filles.

Ta mère vous assène « à partir de maintenant, vous n'êtes plus nos filles, vous êtes des étrangères et comme les étrangers, vous nous direz vous. Dites-vous bien que vous n'êtes plus chez vous ici mais chez nous. Que cette maison n'est plus la vôtre ».

Est-ce pour cette raison que tu pleures ?

À l'époque, tes larmes sont, pour le jeune homme que je suis, indéchiffrables.

Je me dis cela ne peut pas durer tous les deux. Je pense à ce que tu m'écris, tu utilises désormais dans tes lettres des mots comme « abîme », « mort ».

Tu me proposes qu'on meure ensemble.

On va prendre des médicaments, s'allonger tous les deux et on va mourir ensemble.

Cela dure vingt-quatre heures, tu répètes « on va mourir ensemble ».

Je ne sais pas si tu le penses vraiment, je n'ose pas te dire que moi, je ne veux pas mourir.

Je t'écoute m'expliquer comment on fait, quels médicaments il faut prendre, qu'il faut avoir mangé pour ne pas vomir les pilules avant qu'elles ne fassent leur effet. Tu as l'habitude.

Cela dure une journée et une nuit.

Nous ne dormons pas. Tu finis par t'endormir.

Moi pas. Je te crois quand tu précises le nom des médicaments, où et comment les acheter, tu me montres la petite armoire de ta salle de bains remplie de ces pilules, mais pas en quantité suffisante pour nous deux. Je ne veux pas que tu avales ces médicaments.

Le lendemain, tu sembles avoir tout oublié, les médicaments, les larmes, la mort.

Tu m'annonces il est 10 h 40, le 23 juin 67, nous sommes là, nous nous aimons, nous en avons de la chance. Nous nous levons enfin pour prendre un petit déjeuner, nous avons à peine dormi.

Tu es appliquée, tu étales de la confiture d'abricots sur une tranche de pain beurré, tu la portes à ma bouche, tu me regardes ravie. À cet instant, je sais déjà que ce regard, l'odeur de la confiture d'abricots, le craquement de la tartine forment un souvenir.

Comme sont déjà des souvenirs toi dans ton bain, la porte est ouverte, je te lave les pieds, tes pieds délicats, roses, doux, le savon parfumé glisse entre mes mains.

Toi, dans la rue, je ralentis pour te laisser marcher devant moi, ainsi je peux regarder tes fesses sans gêne.

La vie avec toi est une somme de détails fastueux.

Le creux dans ton cou, ta bouche qui s'ouvre, le disque du Modern Jazz Quartet, ton appétit, ton inquiétude, ta désinvolture, ton besoin de merveilleux, toi nue.

5 mai 67, à Rome, nous sommes en voiture. Il ne s'est encore rien passé entre nous. Sagone, le directeur de production, te demande « vous aimez les Romains ? ».

Tu fais semblant de ne pas comprendre la question. « Les Romains, les Romains, vous voulez dire, les gladiateurs ? »

C'est idiot. Nous sommes collés l'un à l'autre. On se regarde. On sait exactement pourquoi tous les deux. On est très heureux.

Mais toi tu sais que cela ne durera pas.

Tu reçois trois lettres d'admirateurs et dix lettres d'insultes par jour. Tu n'ouvres pas ton courrier. Il s'accumule chez le concierge de l'hôtel, chez toi sur une petite table en bois dans l'entrée. Une fois par semaine, à Rome comme à Paris, une jeune femme vient l'ouvrir, te laisse lire ce qui est lisible et te demande de dédicacer des photos. Les lettres d'injures, les dessins avec des potences, des croix, tout cela est jeté, tu n'es pas censée savoir que tu les reçois.

La nuit, je t'entends crier, tu te débats, tu fais des cauchemars, tu te réveilles, tu as comme une brique dans le ventre qui t'empêche de respirer. Je te prends dans mes bras, tu me fais croire que cela va mieux.

Quand j'ai débuté dans le Sentier au tout début des années 70, le quartier des grossistes était tenu par de vieux Juifs d'Europe de l'Est, des Polonais, des Roumains. Ils nous regardaient avec méfiance, parfois aussi avec mépris. Ils étaient gantiers, chapeliers, casquettiers, tricoteurs, tailleurs pour hommes ou femmes, ils faisaient tout dans leurs ateliers.

Nous, ceux d'Afrique du Nord, ils nous appelaient les *schwartz*, les noirs.

On était nombreux du Maroc, de Tunisie à avoir débarqué dans la confection à Paris dans ces années-là, avec nos idées modernes sur le prêt-à-porter. Les Ashkénazes résistaient, ils voyaient en nous des usurpateurs qui ne savaient pas distinguer un satin d'une toile, un super 100 d'une étoffe banale.

On arrivait avec de nouvelles méthodes, on voulait simplifier la fabrication, utiliser des machines industrielles, mettre au rancart leurs machines et leurs procédés vieillots.

Un homme m'a accueilli.

Il s'appelait Eugène Rosenfeld, il était tailleur pour hommes, il fournissait Lanvin en costumes grandes mesures.

Je savais acheter et vendre, mais je ne savais pas encore fabriquer, un costume pour hommes, ces centaines de pièces de tissu, ces boutons cousus en corozo, qui se chevauchent légèrement, la doublure de viscose, tous les détails qui font un bon veston. Une coupe nerveuse, un drap sec. Il m'a appris à toucher l'armure d'un tissu, sa construction, où s'entrecroisent les fils horizontaux et verticaux, à aimer la sécheresse de l'armure en serge, son tombé droit, le duveteux d'une flanelle grattée, le plombé d'un super 150 tissé d'une fibre de moins de 17 microns.

Il avait toujours sur lui un mètre, un fil. Il ne parlait pas de son passé. Il me transmettait son métier à moi, le fils d'Oujda.

Il l'avait appris chez un des meilleurs tailleurs de Varsovie, rue Niska.

Rue Niska, le chef d'atelier était un homme méticuleux, qui dirigeait ses apprentis ou plutôt leur aboyait dessus pour une couture un peu lâche, un fil qui dépassait d'un millimètre invisible d'un bouton.

Eugène Rosenfeld vénérait ce chef d'atelier, un *mensch,* cela veut dire un homme en yiddish. C'est la seule chose sur son passé qu'il a bien voulu me confier.

Ce mensch qui lui avait appris son métier.

Eugène Rosenfeld se maintenait de manière miraculeuse avec ses cheveux gris ramenés derrière les oreilles, ses grosses lunettes qui cachaient ses yeux, ses costumes trois-pièces et son nœud papillon.

Il m'a présenté sa fille.

Je ne l'ai pas tout de suite vue. Elle a les yeux gris, la peau très blanche, elle est discrète, pas très grande.

Enfin, non, on ne peut pas dire qu'il me l'a présentée. Il ne me parlait jamais de sa vie privée, de ce qu'il lui était arrivé pendant la guerre.

Je savais juste qu'il était remarié. Il avait épousé une veuve dont il avait adopté la fille unique. Un après-midi, en rentrant de déjeuner, je vois cette jeune femme qui vient livrer un nouveau modèle de veste dont j'avais commandé le prototype à Eugène Rosenfeld. Elle me cherchait. Elle parlait avec douceur, de manière très précise.

Elle devait me transmettre quelques spécifications sur le bâti des épaules. Elle connaissait le métier. Je l'ai écoutée en observant la veste.

La fois suivante, je me suis rendu à l'atelier de son père, je ne l'ai pas reconnue. Elle m'a tendu la main. J'ai remarqué ses yeux gris tendre, ses bras pâles.

Je suis ce type qui sait vendre et acheter des costumes, qui a passé dix semaines avec la plus belle fille du monde et qui a eu une seconde chance dans sa vie quand il a rencontré à l'hiver 72 la fille d'Eugène Rosenfeld.

Je m'en sors bien.

Et toi ? Pourquoi n'es-tu pas devenue ce que tu étais ?

Tu étais dans la vie, tu jouais et tu ne jouais plus, tu t'achetais des sandales neuves, tu dansais seule et je te regardais, tu chantais des comptines, tu riais, tu ne voulais pas que je chasse les mouches, tu aimais tout le monde sans a priori, tu me reprochais de ne pas m'occuper assez de ma mère, de ne pas caresser ton gros chien. Tu avais assez d'amour pour tout le monde. J'ai compris ton amour des animaux des années plus tard, en lisant le végétarien Isaac Bashevis Singer. Un amour n'en chasse pas un autre. Il s'agit du même respect, celui pour la vie et les vivants.

Tu es terrifiée à l'idée que je t'aime moins. Je ne comprends pas comment tu peux avoir une pensée aussi absurde alors que j'ai, il me semble, encore plus peur que toi.

Comment un type comme moi, disons, sympathique, né à Oujda, un père dans le commerce, des parents divorcés, une vie sentimentale fuyante, une carrière incertaine, un type mignon, serviable, facile, prêt à agir, mais il ne sait pas encore dans quel sens, pourrait-il « moins aimer » la fille dont le monde entier est amoureux ?

Je n'avais pas encore compris que cet amour que tu avais en toi me concernait finalement peu. Il était une force en toi, constamment renouvelée, dont l'objet était indifférent. Cette force me parait de vertus que je n'avais pas, mais auxquelles j'ai cru et qui m'ont permis de me construire.

Tu m'interroges sans te lasser.

« Tu m'aimes ? »

« Tu m'aimes vraiment ? »

« Tu m'aimes pourquoi ? »

« Tu m'aimeras toujours ? »

« Il y aura bien un moment où tu m'aimeras moins ? »

« Tu me l'avoueras ? »

« Tu ne me laisseras pas dans l'incertitude ? »

« Qu'est-ce que je vais devenir quand tu m'aimeras moins ? »

« Si tu devais moins m'aimer, je n'aurais plus qu'à mourir. »

Je réponds à toutes tes questions, tu te justifies.

« C'est parce que j'ai si peu confiance en moi et dans les autres. »

En mai 67, tu es la fille la plus belle et la plus célèbre du monde et tu m'avertis. « J'ai si peu confiance en moi et dans les autres. »

Je ne sais pas quoi faire à part me coller

à toi, il n'y a pas un centimètre de ta peau qui ne soit pas recouvert par la mienne.

Tu répètes « je me sens seule ».

Tu me racontais tous ces types méchants qui t'avaient trahie.

Tu voulais me persuader que toutes tes histoires d'amour avant « nous » étaient ratées, que j'étais l'homme qui te protégerait de la méchanceté et de la solitude.

Avec moi – comme cela me paraît prétentieux aujourd'hui –, c'en était terminé de ces souvenirs horribles.

On est tous les deux nus allongés sur ton lit.

Je fume une cigarette, le cendrier est posé sur mon ventre.

Tu te moques de Warren Beatty qui te drague. « Mais il se prend pour qui, ce connard ? »

Tu détestes les types qui se vantent d'avoir couché avec toi.

Tu es très pudique, tu détestes l'érotisme, la pornographie, le vice, tu aimes simplement l'amour physique comme un don naturel de la vie dont il faut profiter.

Octobre 58, une soirée à Genève pour rejoindre Gilbert.

Tu voyages seule, déguisée, des lunettes noires, une perruque brune, inscrite sous un faux nom à l'Hôtel du Rhône. Tu attends dans sa chambre, tu l'attends au bar de l'hôtel, on te reconnaît, tu parles à un inconnu. Tu le sais d'avance, il y a des chances que cet inconnu répète tout.

« J'ai parlé à Bri. Oui, elle est bonne. »

Il le dira de manière encore plus vulgaire, il inventera que vous avez flirté, couché ensemble. Tu préfères tous ces futurs mensonges que de retourner dans ta chambre où tu n'as rien à faire. Peut-être que c'est vrai, vous avez couché ensemble. Tu peux coucher avec un type par gentillesse, parce que tu ne supportes pas d'être seule, parce que cela te fait plaisir.

Gilbert arrive enfin, il t'embrasse, il est pressé, il doit repartir. Vous vous retrouverez après le spectacle. Tu ne peux pas y assister, on risque de te reconnaître, mais tu peux l'attendre dans sa loge.

Tu l'attends donc dans sa loge, il arrive, suivi d'une nuée de fans, de photographes, de filles. Vite, on t'enferme dans un placard. Tu y restes une heure. Il est déjà reparti au restaurant avec son équipe, des filles, d'autres admirateurs. On le prévient que tu es toujours dans sa loge. Il fait répondre que tu n'as qu'à l'attendre dans sa voiture. Il fait froid. Tu aimerais rentrer à l'hôtel, tu ne sais pas conduire, tu ne trouves pas de taxi. Il est 2 heures du matin. Tu es ivre de colère, tu n'as ni déjeuné ni dîné. Tu montes le son de la radio de la voiture très fort. Les policiers arrivent, te verbalisent, te ramènent à son hôtel.

Tu prends le premier train le lendemain matin pour Paris.

Tu as failli mourir pour lui et tu ne le reverras jamais.

Gilbert te trouvait « adorable ». « Elle est chiante, mais adorable », rétorquait-il à son manager qui lui reprochait cette liaison.

Il était fier de t'avoir eue dans son lit. « Elle était dingue de moi », répétait-il pour s'excuser.

Il t'a fait des déclarations d'amour – « Je t'aime, tu es ma plus belle histoire d'amour, tu seras ma dernière histoire d'amour, je veux que jamais on ne se sépare » –, mais il ne t'aimait pas.

Sur le moment, il était sincère et après coup, il avait des regrets. « C'est sa faute. Elle m'aimait tellement, je me suis laissé emporter. Si je l'avais vraiment aimée, j'aurais quitté ma femme. Des moments très agréables, rien de plus. Impossible de lui résister, vous avez vu ce physique ? Vous n'avez pas envie de coucher avec elle, vous ? Elle s'est fait un film. Après tout, c'est son métier. Actrice. J'aurais dû dire non, mais elle insistait. »

Depuis que tu m'as raconté ça, chaque

fois que je vois Gilbert à la télévision, j'ai envie de lui casser la gueule. C'est ridicule, je le vois roucouler et je m'énerve.

Pourquoi n'a-t-il pas quitté sa femme pour toi ?

Dans l'inventaire de ce qu'on te reproche à travers les lettres, les menaces de mort, le mépris, les insultes de ceux qui te veulent du mal parce que tu es trop belle, trop vivante, que tu fais ce que tu veux avec qui tu veux, parce qu'ils trouvent cela injuste, qu'ils sont laids, emprisonnés, jaloux, aigris, qu'ils n'ont pas été assez aimés par leur maman, leur papa, qu'ils n'avaient pas de copains à l'école, qu'ils ont raté leurs examens, que ce n'est jamais leur faute s'ils ratent, si la fille qu'ils veulent n'est pas amoureuse d'eux mais d'un autre, c'est la tienne, voilà ce qui arrive en bonne place, pour tout justifier : tu es une salope, la preuve, tu n'es pas une mère pour ton fils.

Tu ne parles jamais de ton fils, mais je me souviens d'une histoire qui t'avait fait pleurer.

C'est une histoire que ma mère me contait enfant à Oujda quand nous étions seuls car mon père était en « voyage d'affaires » à Casa, à Paris, à Rome.

Un fils adoré par sa mère tombe amoureux d'une mauvaise femme. Celle-ci lui demande comme preuve de son amour de lui apporter le cœur de sa mère. Il tue sa mère, découpe son cœur et le porte en courant vers la mauvaise femme dont il est amoureux, en courant, il trébuche sur le chemin, le cœur de sa mère lui glisse des doigts et tombe à terre. Il entend la voix de sa mère qui lui dit « tu t'es fait mal, mon fils ? ».

Je riais, toi, tu pleurais. J'étais désolé et tu m'as rassuré, « non, ce n'est pas grave que je pleure, cette histoire me fait du bien ».

Tu chantes aussi, souvent, des chansons enfantines et je ne sais pas à qui tu t'adresses, à toi enfant ?

Tu es une petite fille, tu chantes un « ta peti peta » sur des airs de n'importe quoi, suivi de « pom, pom... pidou, boum... tra la la lère... Na-po-lé-on ! » et « de Gaulle » qui débarquent à l'improviste.

Tu tentes de vivre dans un monde imaginaire qui serait merveilleux, où tout le monde s'aimerait, tu aimerais tout le monde et ce serait réciproque et tu te heurtes à la réalité.

Tu as choisi comme parrain pour ton fils Pierre Lazareff. Il est âgé, vif, malin, aime les femmes, les belles histoires, il dirige *France-Soir,* il est le parrain de la presse. Il fera comme les autres avec toi. Il t'aimera, mais ce qui compte avant tout, c'est son journal et l'émission de télévision qu'il produit, « Cinq Colonnes à la une ».

Il fera très bien son travail. L'image est parfaite. Une jeune mère heureuse avec son fils.

Rien ne peut mentir comme une image de télévision.

Pierre Desgraupes dans « Cinq Colonnes à la une », le 15 janvier 60 :

« Depuis cinq jours, les caméras du monde entier ont été refoulées, sauf celle de "Cinq Colonnes à la une". C'est chez Brigitte que nous sommes, elle cessera de téléphoner quand le bébé va s'approcher. Jacques Charrier sait déjà tenir l'enfant. Nicolas est charmant. Une femme comme les autres, plus heureuse depuis cinq jours. Laissons-les se sourire tous les deux. »

Il suffira de neuf mois à Pierre Lazareff, le parrain de ton fils, pour te trahir à son tour. En décembre 60, il divulgue les mémoires de ton secrétaire et confident Alain Carré.

Alain Carré est ton homme à tout faire, « secrétaire et confident », tu le payes, il gère ta vie, tes emmerdes, les types collants, jette ton courrier, cache les insultes, te protège, tu lui fais confiance. Comme tu l'as fait avec moi, tu lui racontes tes mauvaises actions, tu lui écris ce qu'il y a au fond de ton cœur.

Cela dure cinq ans. Un jour de décembre 60, tu apprends qu'Alain, ton ami, a vendu ses mémoires, les lettres et les mots que tu lui écrivais à un homme âgé qui lui aussi était censé te protéger.

Tu ouvres *France-Soir*, la première édition, tu lis un fac-similé d'un mot que tu lui avais laissé. « Je suis au bord du lac du bois de Boulogne, je vais me jeter dedans. » Tu appelles Pierre Lazareff en hurlant.

Lui te répond qu'il a fait son métier, que tu te sers de la presse.

Peut-être qu'ils ont raison.

Dans la guerre intime que l'on se livre entre le désir d'être bon, de faire le bien et celui de tout saboter, qui va gagner ?

Il y avait cette inquiétude que l'on ne voulait voir ni l'un ni l'autre.

Moi, par inexpérience, je ne savais rien. Même avec Nicole, je pensais que c'était pour la vie. Je n'avais aucune idée de ce que c'était aimer, ne plus aimer, qu'il n'y a en ce domaine aucune règle. Toi, tu savais très bien ce qui t'arrivait, cela t'était familier, une fois de plus, cela ne marcherait pas.

Au début, chaque fois tu y crois entièrement. Ce sont les mêmes mots, mais parce qu'ils sont entendus par un autre, ils sont nouveaux. Tu avais beau me répéter « nous, c'est différent, nous ce n'est pas une histoire parce qu'il n'y a pas de fin », tu le sais, à un moment, tu trahis ou tu es trahie.

En juin, à Paris, alors que nous vivons ensemble, tu continues à m'écrire. Je pars le matin, je retrouve tes mots dans l'entrée le soir. Des mots de plus en plus fiévreux.

Je pense à toi, ne pas te parler, te voir, te toucher me manque.

Sans toi, je ne suis rien.

Je t'ai attendu toute ma vie.

Tu es la plus belle personne que je connaisse, si tu disparais, je n'ai plus de raison de vivre.

Comment ai-je fait avant toi ?

Reviens me retrouver le plus vite possible, je ne respire pas sans toi.

Dans tes bras, je suis enfin moi-même.

Tu es toute ma famille. Tu fais de moi une femme meilleure. Avec toi tout est si facile, si gai. Je n'ai jamais connu cela avant toi.

Cela fait une heure que tu es sorti, et moi sans toi, dans ma chambre enfermée, je ne suis plus rien. Reviens vite. Je t'attends.

Comme s'il y avait une chance sur dix mille que je te quitte, que je t'oublie. Mais il y avait ton désarroi que je négligeais, parce que je ne pouvais rien contre lui, et qui peu à peu prenait de plus en plus de place entre nous.

De plus en plus souvent, tu pleures sans raison. Tu es en train de faire des tartines. Tu mets une couche épaisse de confiture de fraises, tu goûtes, c'est l'heure de goûter et tu goûtes comme les enfants. Tu me proposes une tartine. Je refuse.

Tu fonds en larmes, tu me dis que cela n'a rien à voir avec moi.

Tu es angoissée parce que tu as peur de devenir laide, de vieillir.

Parfois, tu cours dans la glace pour te regarder. Cela te rassure, tout peut s'effondrer, mais il te restera cela. Tu détailles, le nez, la bouche entrouverte, les yeux, de tes mains tu coiffes tes cheveux blonds, les relèves, tu aimes tes cheveux, « je ne serai jamais une vieille dame ».

Et tu te contredis dans la seconde.

« J'aime beaucoup les vieilles dames. »

« J'ai hâte que nous soyons vieux tous les deux. »

La détresse revient aussi vite qu'elle est partie, tu cries « tu ne vois pas que je suis laide, regarde mes yeux trop petits, ce grain de beauté épais beige qui tache mon visage, ces lignes qui barrent mon front, ces plis autour de ma bouche ».

Tu peux toujours te maquiller, colorer davantage tes paupières, épaissir d'une couche de fond de teint ta peau. Tu n'as que trente-deux ans et tu détailles la mollesse nouvelle de ton menton, la paupière grise, et aussi gris ce cerne, la ligne creusée entre l'aile du nez et ta bouche, la peau du front à peine striée.

Tout cela est invisible. Je vois ta peau, tes cils, tes taches de rousseur, tes lèvres roses, de mon index je fais le tour de ton visage, je remonte au milieu par le menton, la bouche, le nez, le front, tout est parfait.

Un après-midi très chaud de la fin juin 67, dans la vitrine d'un libraire de la rue de Passy, tu es attirée par ce titre, *Élise ou la vraie vie,* de Claire Etcherelli. Tu n'es pas une intellectuelle, tu te moques de toi, « je ne suis pas une intellectuelle », mais tu lis des livres. Tu lis des romans, tu aimes lire.

Tu lis *Élise ou la vraie vie,* qui est le succès de l'année.

Tu me racontes cette histoire d'amour interdite entre une jeune femme française et un ouvrier algérien.

Un jour, l'amoureux disparaît. On ne sait pas ce qui lui est arrivé.

« Voilà, c'est exactement mon cauchemar. »

Je ne te comprends pas.

J'ai obtenu un boulot comme remplaçant du costumier sur *Le Gendarme se marie* de Jean Girault avec Louis de Funès, je pars le matin à 6 heures au marché Saint-Pierre afin d'être le premier aux arrivages de tissus. Je fais attention à ne pas te réveiller, car si tu t'aperçois que je te laisse, alors tu t'agrippes à moi. Un matin, tu te réveilles et je ne peux pas partir, tu pleures, tu cries que je t'abandonne, que sans moi tu n'es plus rien.

Je reste avec toi, je n'ai aucun regret. Tu as raison, chaque fois que nos corps sont l'un contre l'autre, c'est un miracle.

Je rate comme ça plusieurs rendez-vous. Je ne t'en veux pas.

Avec toi, il y avait deux sortes de fins.

La fin « Jean-Louis », celle avec les garçons intelligents qui ont un métier. « Jean-Louis » s'absente (service militaire, tournage...) et à peine a-t-il le dos tourné que tu le trompes.

Ce n'est pas que tu ne l'aimes plus et que tu en aimes un autre, c'est que tu ne supportes pas d'être seule.

Alors, quand tu crois que tu es allée au bout, que plus de solitude te serait insupportable, que tu as pleuré toutes les larmes possibles, hurlant vouloir mourir, là, tout de suite, tu croises le regard de Machin ou de Truc et tu vois en Machin ou en Truc le type qui va te sauver, t'empêcher de te jeter par la fenêtre. Et ça marche, tu passes la nuit avec Machin et pendant une nuit tu crois entièrement à Machin. Sauf que le lendemain Jean-Louis ou Sami apprend que tu as passé la nuit avec Machin et c'est leur tour d'avoir envie de mourir. Mais eux, c'est pour de vrai. Ils te quittent, ne veulent plus jamais te voir de leur vie. Et toi, tu ne meurs pas, tu te consoles avec Machin. La fin de l'histoire avec Machin est différente de la fin « Jean-Louis ». La fin « Machin » s'étiole. Machin est là, il ne travaille pas, il est collé à toi, tu as enfin ce que tu veux, un homme qui t'est dédié jour et nuit, à faire l'amour, à jouer aux cartes, à te regarder te coiffer, prendre tes deux bains par jour, à sortir acheter des entrecôtes, à t'accompagner dans ta loge les jours où tu tournes. Il est là, tu es ravie, et puis tu n'en peux plus. Il t'ennuie, Machin.

Jean-Louis te manque. Tu sais qu'avec lui tu avais une histoire miraculeuse.

C'est à ce moment que tu rencontres Truc qui est tellement plus rigolo, ou un autre. Et c'en est fini de Machin, tu l'as oublié. Parfois tu penses à Jean-Louis, que tu as aimé, ou à Sami, et tu te dis : « Quelle conne, mais quelle conne », mais c'est trop tard.

Souvent, je me demande dans quelle case je rentre. Un « Machin » ? Un « Jean-Louis » ? Un type qui a compté dans ta vie ou un « Truc » que tu as oublié ?

Bon, je connais la réponse, elle tient en une ligne dans ton autobiographie.

La fille d'Eugène Rosenfeld passait voir son père dans son atelier, elle s'arrangeait pour que ce soit des jours où j'avais rendez-vous avec lui. Elle me le disait, tranquillement, « je t'attends », avec la même assurance que toi avenue Paul-Doumer quand nous sommes rentrés de Rome et que je t'ai déposée en bas de chez toi le 27 mai 67.

Vous aviez toutes les deux cette confiance, vous ne pouviez qu'être aimées.

Le 28 décembre 72, elle m'a prêté son exemplaire du *Guépard*, le roman de Lampedusa, après que je lui ai avoué que j'avais adoré le film et admiré la beauté de Claudia Cardinale. Il y a dans ce roman une phrase que je n'ai jamais oubliée. « Elle était pudique et prête à être possédée. » Lampedusa décrit ainsi Concetta, la comtesse sicilienne dont tombe amoureux Tancredi. Et j'ai compris que c'était dans ton lit rose et blanc que j'avais saisi dans sa totalité la phrase de Lampedusa, « pudique, mais prête à être possédée », bien avant de la lire.

Cette jeune fille aux yeux gris, modeste, assurée, précise dans ses mots, ses gestes, ses choix, qui m'avait offert ce roman, était elle aussi « pudique et prête à être possédée ».

Je suis en voiture avec ma femme, cela doit être à la fin des années 70, à la radio passe Véronique Sanson. Elle chante « Combien de gens tu as trahis, à combien de gens tu as menti ». La chanson a pour titre « Le Maudit ».

Je pense à toi, à mon père, qu'une même personne peut faire du bien et du mal, être généreuse et cruelle, selon les circonstances, qui elle a en face d'elle.

Quand j'ai présenté Bonté à mon père, il a tenté envers elle un geste, même si elle n'était pas son genre. Il ne pouvait pas s'en empêcher. C'était le genre d'homme qui pense que tout lui est dû, qu'il n'en aura jamais assez, femmes, argent, costumes.

Ma future femme a tendu une protection invisible entre elle et lui. Quand elle venait me chercher rue de Cléry, où nous avions un pas de porte de demi-gros de chemises, mon père, contrairement à ses habitudes (accourir dès qu'une femme se présentait), se cachait. Il savait qu'elle n'avait aucune indulgence pour lui.

Au printemps 73, tu es passée dans une émission de télévision présentée par Jean-Pierre Elkabbach avec un panel de journalistes dont Lucien Bodard. C'était la première fois depuis juillet 67 que je pouvais te voir, t'entendre, sans être bouleversé. J'étais soulagé, enfin, je ne t'aimais plus, et déçu, c'était terminé, je ne t'aimais plus.

Tu y expliquais à Lucien Bodard qui t'interrogeait : « Ma seule réussite aurait été de vivre avec le même homme toute ma vie et ça, je l'ai raté.

« J'ai besoin d'un homme qui soit à mon entière disposition. S'il le fait, c'est qu'il est bête et je me lasse. S'il est intelligent, il refuse et me quitte.

« Je ne me rendais pas compte de la rareté de l'amour. Aujourd'hui, je l'ai comprise. » Lucien Bodard te regarde avec la tête du type qui se dit qu'il n'est pas trop tard, que tu pourrais prolonger l'histoire avec lui.

Sur le tournage de ton dernier film, *L'Histoire très bonne et très joyeuse de Colinot Trousse-Chemise*, tu as trente-six ans. Tu es allongée sur le lit avec Francis Huster, en costume. On a dû arrêter de tourner, tu avais des palpitations, Nina Companeez, la réalisatrice (une des rares de ce milieu du cinéma que j'ai quitté en 68 avec laquelle j'ai gardé un lien), m'a raconté qu'elle t'avait pris la main. Tu étais tétanisée à l'idée de ne pas y arriver.

Ton petit copain de l'époque, Truc ? ou Machin ?, c'est un des rares détails que j'oublie parfois avec toi, le nom de tes petits copains, était violent avec toi.

Sur le tournage un an auparavant de *L'Ours et la Poupée* de Michel Deville, dont Nina est l'assistante, le seul obstacle à ta capacité de travail, c'est déjà ce jeune homme. Tu pleures, tu as peur qu'il soit avec une autre fille, plus jeune, parce qu'il n'a pas téléphoné, alors il faut te consoler, essuyer tes larmes et te remaquiller.

Tu as trente-six ans, des amoureux qui ont dix ans de moins que toi, d'autres plus âgés. Tu te lasses toujours aussi vite. Certains sont méchants, t'utilisent, te manipulent, disparaissent, puis réapparaissent, avec ceux-là, tu restes un peu plus longtemps.

Ils s'appellent Machin ou Truc, ont un physique, ils sont jeunes, ils sont étudiants, barmen, DJ, artistes, comédiens. Ils sont les fiancés que l'on voit en photo avec toi.

Tu fais toujours semblant de croire que cette fois c'est la bonne. Ils n'en reviennent pas d'avoir été choisis.

Nous sommes à la fin du mois de juin 67, un samedi.

Tu portes une robe en liberty bleu, tu as les pieds nus, tu feuillettes *Paris Match*, je ne sais pas trop quoi faire, j'aimerais sortir, je te regarde, tu lèves les yeux, tu souris et tu lis à nouveau. Je t'embrasse, je tente de regarder ce que tu lis. C'est l'appel d'une mère, une femme politique qui se présente aux élections législatives. Son fils, un jeune philosophe, nommé Régis Debray, est emprisonné en Bolivie. Il y a une photo du garçon, il est blond et mignon, courageux certainement, un aventurier, un héros, cela m'énerve et je suis admiratif à la fois.

Si je lui ressemblais, est-ce que notre histoire aurait duré plus longtemps ?

Si j'avais une mère comme celle de Régis Debray, une femme politique, avocate, sénatrice, grande, blonde, élégante, bourgeoise, cultivée, spécialiste de Marcel Proust, engagée, est-ce que tu te serais moins ennuyée avec moi ?

Je me fais un film avec les dialogues où je suis un jeune révolutionnaire blond et agrégé de philosophie.

J'assiste à des réunions, je reprends à mon compte les grandes phrases de Martine, celles de ses copains, je fume beaucoup, ma vie dépasse mon petit sort personnel, je suis un grand homme, je vais me battre contre la misère, la dictature, l'impérialisme américain, la CIA. Je rabats ma mèche blonde et je t'annonce que je pars faire la révolution, et toi tu me supplies de rester avec toi. Je pars, je crée des foyers de lutte, je défends les paysans, des Indiens exploités par de grandes firmes occidentales.

Je suis arrêté, accusé d'être un assassin, un tueur à gages, un mercenaire vendu à Cuba par un procureur acheté par les Américains, condamné à trente ans de prison.

Mais alors je te reverrai quand ?

Si je ne peux plus te voir pendant trente ans, à quoi cela aura servi le courage, le dépassement de soi, les grandes idées, les moustiques, les conversations trop longues ?

Et puis je me souviens que tu t'en fous de tout ça, l'impérialisme américain, Che Guevera, Fidel Castro, que tu es plutôt de droite, que tu admires le général de Gaulle.

Autant rester moi-même, renoncer à cette agrégation de philosophie, ces mèches blondes, la lutte contre l'injustice.

Peut-être que tu m'aimes comme je suis.

Tu as fini de lire ton magazine. Tu te lèves, tu me dis « ce serait chouette si on allait à Saint-Tropez, on peut descendre en voiture, on roule cette nuit et demain matin on se baigne tous les deux ? ».

C'est un peu trop pour moi, tout d'un coup.

Trop neuf, vivant, rigolo, coloré, les révolutionnaires sont des garçons blonds et séduisants, les chaussures ne sont plus marron et noires comme avant, mais orange, jaunes, vert pomme, je ne reconnais plus rien, je suis un peu perdu.

Tu vas trop vite pour moi. J'aimerais ralentir.

Tu es une révolutionnaire, pas dans la jungle mais ici, dans notre monde.

Les relations entre les hommes et les femmes, les relations sexuelles puisqu'il faut les nommer, le désir, regarder, toucher, tout change grâce à toi.

L'air de rien, comme si cela n'avait aucune importance, toi qui adores tricoter, faire la cuisine, les rideaux en vichy, les robes en macramé, les chapeaux de paille, Albert Cohen, tout cela sans ordre ni hiérarchie, toi qui ne manges plus de viande, puis oublies que tu n'en manges plus, qui portes des casquettes de marin et des pantalons de corsaire, qui restes fidèle à tes amis Fred et Jo, à tes chiens, toi si bien élevée, qui te tiens bien à table, connais les règles que tu fais semblant de respecter, tu es une insoumise qui propose aux garçons de venir lui raconter une histoire, de la border pour qu'elle dorme bien sans oublier de lui faire un câlin.

Tu m'entraînes avec toi, peu à peu je suis prêt à essayer des trucs nouveaux, à toucher, lécher, sucer chaque centimètre de ta peau, à me laisser pousser les cheveux, à porter des pantalons larges, à écouter Jimi Hendrix, à aller voir tous les films.

Mais pas à rouler toute une nuit pour être à Saint-Tropez au petit matin.

Je veux bien un peu, mais pas trop.

Je ne suis pas aussi libre que toi.

Fin mai 67, le film de Jacques Rivette *La Religieuse* est enfin sorti en salles. Il était censuré depuis 62 par le gouvernement, à la demande de l'Église. L'histoire d'une jeune femme enfermée par ses parents dans un couvent.

L'héroïne tente de toutes ses forces de se libérer. La seule porte qui s'ouvre à elle est une fenêtre, d'où elle se jette. Elle meurt sans avoir jamais connu la délivrance. Ce film te bouleverse.

L'idée qu'on ne puisse pas être entièrement libre, d'avoir à obéir à des parents, comme tu as obéi toi jusqu'à l'âge de quinze ans avant de faire semblant, d'avoir à respecter des codes, de ne pas uniquement agir par amour, de ne pas avoir le droit de se consacrer aux chiens, aux ânes, aux perroquets, d'être empêchée de t'agenouiller devant une femme âgée te brise le cœur.

Alors cette religieuse de Rivette, enfermée, incapable d'agir, oui, elle te bouleverse.

Je peux faire la liste exacte des films que nous sommes allés voir ensemble et dans quelle salle de cinéma.

La Religieuse rue Champollion, *Blow up* d'Antonioni au Biarritz, *La Blonde et le Shérif* de Raoul Walsh à l'Action et de nouveau au Biarritz *Belle de jour* de Buñuel. Tu sors de la salle en colère.

« C'est dégoûtant. Et puis les robes beiges de Catherine Deneuve sont tristes. »

Je réplique « mais elle porte aussi une robe rouge ».

Tu détestes ce film.

Le sexe ne peut être pervers, sale, vendu.

Tu détestes cette idée.

Tu me proposes d'aller voir *Persona* d'Ingmar Bergman au Publicis Champs-Élysées. Il n'y a plus de place.

On en trouve pour *La Blonde défie le FBI* avec Doris Day. Des spectateurs chuchotent, on t'a reconnue. J'entends « mais non, ce n'est pas elle, tu as vu le petit gars, ce n'est pas son mari ».

On fréquentait aussi le nouveau cinéma Les Trois Luxembourg, si moderne avec ses hôtesses vêtues d'une chasuble en plastique vert et ses trois films différents par jour. C'est là qu'on a vu l'après-midi *Qui a peur de Virginia Woolf ?* et le soir *Jeu de massacre* d'Alain Jessua.

Tu racontes à Olga les films que nous allons voir ensemble.

Elle t'envoie des scripts.

Tu les refuses, parfois tu choisis mal, tu sembles ne pas t'intéresser à ton travail.

Mes amis de la Cinémathèque ne te prennent pas au sérieux. Tu ne serais pas une véritable actrice car sur un plateau tu ne travailles pas, tu te contentes d'être toi.

Edward Dmytryk avait réalisé *L'Homme aux colts d'or*, un western avec Henry Fonda. Tu connaissais l'histoire d'Edward Dmytryk, membre du Parti communiste américain, inscrit sur la liste des dix d'Hollywood, il avait fait de la prison, s'était exilé en Angleterre. Tu trouvais cela injuste. Alors quand tu as reçu le scénario de *Shalako*, avec le nom du réalisateur Edward Dmytryk, tu as tout de suite donné ton accord.

Dès que tu apprenais que quelqu'un avait souffert, tu accourais pour lui tendre la main. Il y avait cela, cette compassion dès que tu voyais une blessure et aussi, tu avais aimé *L'Homme aux colts d'or*, tu aurais aimé être la blonde de *La Blonde et le Shérif* de Raoul Walsh.

Jouer dans un western, monter à cheval, apprendre à monter à cheval, un nouveau terrain de jeu.

Le tournage aurait lieu l'hiver prochain à Almeria, au sud de l'Espagne. Deux mois dans un village avec un téléphone qui fonctionne par intermittence.

Tu préfères ne pas y penser.

Pour te convaincre de ne pas partir, de ne pas faire ce film, je te raconte que Dmytryk n'est pas qu'un héros, qu'il y a aussi du gris dans sa vie (il a témoigné pour sortir de prison, donné vingt-six noms de membres du Parti communiste américain qui ont été poursuivis à leur tour).

« Qui suis-je pour juger les autres ? » me réponds-tu.

Nous sommes dans le salon de ton appartement avenue Paul-Doumer, dans le canapé recouvert de coussins à petits carreaux bleus et blancs, les volets sont fermés pour nous protéger du soleil et, du reste, tu es assise sur mes genoux. Tu portes une culotte haute, tu m'as emprunté une chemise que tu as nouée à la taille, tes cheveux sont relevés en un chignon retenu par un crayon à papier.

Je joue à Gunter.

« Mon astrologue a vu en moi une grandeur que je ne soupçonnais pas. Il me l'a affirmé. Gunter, votre nom va briller dans le monde entier, grâce à votre intelligence, votre volonté, votre puissance, vous épouserez une femme, une étoile aussi brillante que la vôtre ! »

Je prends pour exemple *Le Dictateur* de Chaplin.

Tu corriges mon accent. Ce n'est pas ainsi que parle ton mari de pacotille.

Sa voix à lui est traînante, une sorte de faux accent anglais pour cacher son allemand, un ton snob parsemé d'expressions apprises dans un collège suisse, « *my dear* », « *goodness* ».

Alors je reprends mon imitation. « *My dear*, j'ai compris aussi grâce à mon astrologue, le docteur Gundolf, qu'il y a en moi une part inexplorée infinie, un don artistique. Il n'est pas étonnant que je sois attiré par une femme artiste, actrice mondialement connue, car je possède des qualités équivalentes.

« Tout cela est inscrit dans les étoiles, le jour de ma naissance la constellation était d'une grande magnificence. »

Tu ris et tu te mets à ton tour à l'imiter. Il t'a tellement bassinée avec ses bonnes étoiles, tu connais le sujet par cœur.

« Soleil en Sagittaire, Lune en Taureau, la force, la puissance, la lumière, tout cela est en moi. Un véritable plan de bataille, ce mariage. Le 14 juillet 66 possède une constellation exceptionnelle, gloire, grâce au Soleil en Lion, triomphe, Lune en Vierge. Mais la mariée n'arrêtait pas de couiner. Typiquement français, ces couinements. Je ne supporte pas cette faiblesse si féminine.

« J'ai préféré écourter ce voyage, de toute façon, les domestiques tahitiens étaient incapables de servir à table correctement et de chasser les moustiques.

« Pour le bonheur de mon épouse, j'ai utilisé les subterfuges habituels, déclaration d'amour renouvelée, fleurs et bijoux. Nous nous aimons toujours.

« Un an après, ce petit con de Français vient tout gâcher. »

On rit tous les deux en répétant « ce petit con de Français vient tout gâcher ».

Tu as été très amoureuse de cet homme,

tu pensais avoir rencontré un prince, il t'a rendue encore plus seule.

Est-ce que le sort s'acharne contre toi ?

Est-ce qu'il t'a donné toutes les cartes pour mieux te les reprendre ?

Le destin voulait te donner une leçon ?

Mais laquelle ?

Que tu seras toujours seule, jamais tu ne pourras faire confiance, tu saboteras consciencieusement toutes tes chances et tout espoir, pour toi, est une erreur ?

Ce printemps 67, ce n'est pas cela que je vois.

Tu es dans la vie.

Tu ne passes à côté de rien.

Puisque j'ai refusé d'aller à Saint-Tropez en voiture, tu me proposes de prendre le train. Tu me décris le voyage en Train bleu jusqu'à Saint-Raphaël, la cabine-couchette de première classe, la voiture-restaurant, les couverts en argent, les lourdes assiettes de faïence, les bons petits plats, la nuit dans nos couchettes, l'arrivée dans le Midi, les odeurs, la chaleur, le chant des grillons, nous irons dans ta petite maison dans la campagne, tout est si beau là-bas, avec les ânes, les chiens, les chats, nous serons seuls au monde, nous ferons la sieste, nous pourrons disparaître. En fin d'après-midi, on ira se baigner, on plongera du ponton de La Madrague, nous sommes toujours miraculeux et chanceux. Pourris gâtés, même.

Le lendemain, tu téléphones à Odette pour qu'elle s'occupe des billets de train, de faire ouvrir la maison.

Tu raccroches, le téléphone sonne aussitôt.

C'est Gunter.

Je l'entends crier ; pourquoi le combiné est-il constamment occupé ?

Trois jours après, tu dois sortir. Une soirée officielle.

Tu ne me proposes pas de t'accompagner.

Notre histoire est secrète, tu es toujours la femme de Gunter.

Ce soir-là, tu étrennes une nouvelle robe. Elle est longue à rayures vertes, rouges et bleues, tu laisses tes cheveux détachés, tes pieds nus. Tu es éblouissante.

Devant la porte de l'immeuble, Gunter t'attend dans sa Rolls (jamais de ma vie, je n'aurais pensé vivre, puis avoir à écrire un tel cliché).

J'ai découvert les photos dans *Match* une semaine après.

La robe est de chez Mic Mac que Gunter vient de racheter. Tu l'as accompagné chez Maxim's, il donnait une fête pour l'inauguration de la boutique Mic Mac qu'il ouvrait rue Royale.

Je lis dans le magazine qu'il a chanté pour l'assistance « I'm Just a Gigolo ».

Sur les photos, vous dansez enlacés.

La veille, tu m'as pourtant écrit « j'aime le monde entier parce que tu en fais partie ».

Tu ne mens pas, tu te heurtes à la réalité, un mur invisible qui est en toi et contre lequel je ne peux rien.

Ces premiers jours de juillet sont ceux du retour de Gunter.

Tu espères qu'il te téléphone à nouveau. Je le devine à la façon dont tu regardes l'appareil.

Tu le sais, Gunter ne t'aime pas, mais tu espères quand même. Tu te répètes les mots qu'il te disait au début, il avait hâte que tu sois sa femme, tu te souviens des roses lâchées par hélicoptère sur La Madrague, tu cherches des excuses à ses absences.

Tu ne me parles plus de Saint-Tropez et des billets de train.

Je ne connais même pas la date de nos vacances.

C'est à ce moment-là – le retour de Gunter et ses coups de fil intermittents – que tu as commencé à m'écrire des lettres au ton de plus en plus inquiet sur des cartes bleu clair.

Mai 67

J'ai si peur que tout s'arrête, je ne peux pas supporter l'idée de « nous » séparés.

Je ne pourrais pas vivre sans toi.

Je préfère mourir que de ne plus te voir.

Profitons de nous avant qu'il soit trop tard.

Je préfère ne rien avoir de toi plutôt que des miettes d'amour.

Le 18 juillet, nous sommes tous les deux assis sur le canapé de l'avenue Paul-Doumer. Le matin, j'ai renoncé à un rendez-vous pour rester avec toi, et puis tu as commencé à bouder, tu t'ennuies. « Je sais que je suis entourée de connards, mais au moins ils sont là, ils jouent aux cartes avec moi. Je m'entoure toujours de connards. »

Ce n'est pas contre moi.

Un autre matin, peu de temps après, tu me tiens un discours qui ressemble à ça : « Je suis fatiguée, je suis fatiguée. Je n'en peux plus. Tous ces mensonges que l'on raconte sur moi, cela me tue. Ma vie ressemble à une grande prison. J'appartiens à tout le monde. Tu as vu un peu la vie que je mène ? Tout le temps des gens sur le dos, toute la journée des gens qui m'appellent, que je dois appeler, sans arrêt trente-six mille personnes autour de moi.

« Écoute, même avec toi, je deviens nerveuse, injuste, je crie. Ce n'est pas du caprice. Seulement une question de résistance nerveuse qui me lâche. Cela n'a rien à voir avec toi. »

Je dois m'absenter deux jours à Bruxelles, à mon retour tu es partie te reposer à Búzios au Brésil.

J'attends de tes nouvelles pendant un mois.

En attendant, je m'installe dans une pension de famille chaussée de la Muette, ainsi, si jamais tu as besoin de moi très vite, parce que tu vas mal, que tu as envie de mourir, je peux accourir avenue Paul-Doumer en moins de trois minutes. J'ai chronométré le trajet plusieurs fois, en marchant, en courant. Je peux te secourir.

Je me regarde dans la glace de ma chambre. Je me trouve beau.

Je pense que tu vas revenir, que tu es fatiguée et que tu vas revenir, que tout redeviendra comme avant puisque tu m'as demandé de t'attendre. Dans ta dernière lettre, tu m'as écrit « ne t'impatiente pas, j'arrive ».

Je vais m'acheter une gaufre aux jardins du Ranelagh en pensant à toi, c'est le genre de chose que tu aurais fait. Aller manger une gaufre parce que c'est bon, on s'en fiche que ce ne soit pas l'heure, que ce soit presque celle de passer à table.

Je marche avec cette gaufre, le sucre s'envole, il fait très doux. Je suis presque heureux.

Je pense à ces vacances qu'à ton retour nous allons prendre ensemble à Saint-Tropez.

Je sors des jardins du Ranelagh, je monte dans le bus 63 qui descend très vite l'avenue Georges-Mandel, les feux sont verts.

Je ne suis pas loin d'être enfin moi.

C'est ce que je crois à ce moment-là.

Je t'attends, je ne sais pas encore que cela ne sert à rien, qu'on n'ira pas à Saint-Tropez ensemble.

Il faut que j'attende encore.

J'ai attendu cinq ans pour rencontrer Bonté.

Elle n'est jamais pressée, aime le sucre, se fiche de ce que l'on peut penser d'elle, ne veut pas d'enfant, marche très lentement, observe tout.

Au début, avec cette nouvelle femme, quand on se promène ensemble dans Paris, je dois l'attendre, elle regarde les vitrines de tous les magasins.

Devant les pâtisseries, elle juge d'un coup d'œil la qualité des éclairs au chocolat, à leur vernis, à la couleur de la pâte à choux, est-elle suffisamment dorée ? Celui-là est bien, celui-là non.

Pareil pour les chaussures, les sacs, les gens.

Bonne personne, pas bonne personne. Gentil, pas gentil.

Depuis, j'ai appris à marcher comme elle, en cherchant ce qui va me plaire, à éliminer ce qui n'est pas bon.

Moi qui étais si anxieux de toujours travailler, de ne jamais m'arrêter, d'avoir peur de ne pas faire assez bien, elle m'a montré combien il est important de ne rien faire, « s'ennuyer développe l'imagination », m'expliquait-elle.

Aujourd'hui, alors que nous sommes mariés depuis presque vingt-cinq ans, elle continue à me téléphoner au bureau. Elle me propose de la rejoindre au café qui est au coin du boulevard Bonne-Nouvelle et de la rue d'Aboukir.

Au début, je protestais, j'ai un rendez-vous important avec le directeur du rayon hommes du Printemps, avec le représentant des Nouvelles Galeries de Strasbourg, avec un fournisseur de coton égyptien, avec M. Braun, le comptable. Elle haussait les épaules.

Elle ne me donne pas de raisons.

On s'assoit en terrasse rue d'Aboukir. On ne se dit rien d'important.

On est juste là ensemble. On regarde les passants. On cherche ceux dont la tête nous plaît. On tente de deviner leur histoire. On parle fort à cause des voitures.

Elle est toujours plus optimiste que moi.

« Ce type aux grands yeux de velours bruns, est-ce qu'il n'attend pas pour rien ? »

Bonté pense qu'il n'attend personne, qu'il est bien ainsi, seul.

« Il boit une bière, personne ne l'embête, ne lui fais pas de reproches.

— Et celui-là, en chemise, sans veste, il a l'air désœuvré.

— Non, il prend son temps, il pense à l'heure qu'il vient de passer avec sa maîtresse. Il est marié, il ne sait pas quoi faire, il hésite, il aime sa femme, elle est rousse, charmante, l'engueule pour un rien, il aime sa maîtresse, rousse aussi, charmante aussi, elle ne l'engueule jamais. Est-ce que ce sera toujours ainsi si elle devient sa femme ? Il doit faire le bon choix. Qu'est-ce que tu ferais à sa place ? Sa femme ou sa maîtresse ?

— Sa femme.

— Tu as raison. J'aime bien sa femme aussi, même si elle l'engueule tout le temps, elle a bon cœur, cela se voit à sa chemise bien repassée. Il a une bonne tête, des yeux doux, un petit ventre. Il doit être bien chez lui avec sa femme. »

Il y a aussi ce vieux monsieur qui vient d'entrer.

Il porte une écharpe, alors qu'il fait chaud. Il est 15 heures, le 21 avril 91 dans ce café très bruyant de la rue d'Aboukir, où l'on ne vient pas se reposer, où l'on vient boire un café, une bière parce qu'on a soif et on repart.

« Et ce vieux monsieur avec son écharpe beige qui reste debout, au bar, tout seul, et demande un verre d'eau, c'est qu'il doit être veuf. Un homme âgé marié n'a pas tout à coup soif dans la rue. Crois-moi, personne ne se préoccupe plus de lui. »

« Et ce jeune homme, regarde-le, il cache ses larmes derrière ses lunettes d'aviateur. Sa fiancée le trompe. »

Bonté me laisse parler.

Au cinéma, je pleure quand l'héroïne prend la fuite, disparaît, en aime un autre, quand l'histoire d'amour ne se termine pas par un mariage.

En regardant ce jeune homme avec ses lunettes d'aviateur, je me retrouve fin juillet 67 dans ce bus 63 qui file jusqu'à l'Alma et traverse la Seine. Ça va.

Puis je descends du bus et là, c'est la cata. Je suis seul.

Tu me le disais si souvent, *je me sens seule.*

Je comprends.

Quand je suis revenu de Bruxelles, tu étais partie pour un mois à Búzios, au Brésil.

Je courais d'un entrepôt à l'autre. Je cherchais des costumes militaires que personne ne m'avait commandés, mais on ne sait jamais.

J'attendais ton retour.

Et tu es rentrée, nous déjeunons ensemble le 16 août 67.

Voilà, c'est terminé.

Il n'y a rien à dire.

Je ne crois même pas que l'on se le dit.

« C'est terminé » ou, pire, « je te quitte ».

Je tente de m'accrocher à nos souvenirs, je te rappelle l'histoire des nouilles aux noix.

C'était une recette ou plutôt un sketch filmé par Jean-Christophe Averty pour l'émission « Dim Dam Dom » que nous avions regardée ensemble.

Mapie de Toulouse-Lautrec, la créatrice des fiches cuisine de *Elle*, détaillait sa recette de nouilles aux noix. Elle répétait « nouilles aux noix », « nouilles aux noix », précisait que ces « nouilles aux noix » seraient meilleures au lait de chèvre. On ne savait pas si elle était sérieuse ou si elle nous racontait n'importe quoi. Elle se contentait de mélanger la poudre de noix à du lait de vache. Et elle répétait « lait de chèvre », « lait de chèvre », puis à nouveau « nouilles aux noix ». Elle malaxait le tout, la poudre de lait, les noix, avec une grande spatule en bois, éclaboussant tout autour d'elle, impassible, ne se rendant pas compte des salissures, certaine du résultat. « Les nouilles aux noix sont délicieuses. »

En générique de fin, Averty avait filmé les nouilles collées à un mur, avant que Mapie de

Toulouse-Lautrec ne répète une dernière fois, comme s'il s'agissait d'une prière, avec son accent lent et aristocratique, « nouilles aux noix », « nouilles aux noix », « nouilles aux noix ».

Tu t'étais alors lancée, pleine de bonne volonté, pour faire à ton tour des nouilles aux noix. C'était notre deuxième week-end ensemble à la Paul-Doumer. C'était tout début juin 67.

Nous riions rien qu'en évoquant l'expression « nouilles aux noix », nous hoquetions de rire.

À l'époque, à la télévision, on inventait des trucs assez drôles.

Je me demande parfois ce que nous avons fait de tout ça.

L'inventivité, la liberté, la confiance de cette année 67, 191 000 chômeurs, Jean-Christophe Averty à la télévision, toi, ton corps, les jupes trop courtes, l'enchantement, notre âge d'or, où tout cela est-il parti ?

« C'est vrai que nous sommes faits pour le bonheur, c'est vrai que nous avons cru le tenir à certains moments, l'avons serré contre notre poitrine », écrit François Mauriac dans son bloc-notes de *L'Express* ce 7 mai 67 miraculeux où tu me proposes « ce soir, tu me racontes une histoire dans ma chambre ? ».

Il faut une vie pour le savoir, à la fin « tous finissent dans cette dernière solitude d'avant la mort, qui au vrai commence bien avant la mort », écrit encore François Mauriac ce même jour.

Nous ne voulions le savoir ni l'un ni l'autre.

Ce 16 août 67, tu ris aussi au souvenir de ces nouilles. Et moi, je m'y accroche comme une moule à son rocher. Si tu ris, c'est qu'il ne reste pas rien de notre histoire. Je suis face à toi, dans ce restaurant de la place du Trocadéro, mon cerveau ne fonctionne plus. Je n'ai que le mot « nouille » dans la tête.

Tu ne me donnes pas d'explication, mais tu as un fou rire à cause de cette histoire de nouilles aux noix, tu as encore de l'eau dans la bouche et tu manques cracher dans ta serviette, car tu ne peux pas avaler l'eau et rire en même temps.

Tu me dis « c'est bien, nous avons de bons souvenirs ».

Tu as raison, mais je ne le sais pas encore.

J'ai de bons souvenirs que tu as certainement oubliés.

On se quitte bons amis. C'est ce que tu me dis. « Nous sommes de bons amis. »

À cette minute, je veux mourir. C'est épouvantable, je n'existe plus. Je me suis trompé.

Je n'ai pas encore rencontré Bonté.

Renée Lichtig me dit « tu as vécu une belle histoire, garde-la pour toi et maintenant, tire-toi, tire-toi ».

Elle me recommande au producteur du *Rouble à deux faces*, une comédie avec Marie Dubois et Georges Chakiris dont elle va assurer le montage. L'histoire incompréhensible d'un employé suédois de chez IBM qui achète une malle dans un grand magasin où trois vieilles dames commandent un modèle identique. L'employé suédois se fait livrer par erreur la malle d'une des dames dans laquelle se trouve le cadavre du gardien du standard téléphonique de chez IBM, obligeant la standardiste, qui se nomme Natacha car elle est russe, à câbler un faux message du Kremlin à Washington...

Le film ne sortira jamais en salle. Ce sera mon dernier tournage.

Je rentre à Paris pour les vacances de Noël, à la télévision, c'est toi aussi, au générique de l'émission du jour de l'an 68, produite par Bob Zagury.

Je ne reconnais pas ta voix, elle me paraît plus molle que celle avec laquelle tu t'adressais à moi.

Dans cette émission, tu te tiens exactement comme sur notre film romain, tu es filmée en pied, tu bouges peu, tu te balances légèrement, tournant ta tête à droite, à gauche, en bas, en haut. Seul ton costume change, à la place de la robe et de la perruque noire, tu es torse nu, vêtue d'un drapeau bleu, blanc, rouge en tissu transparent.

J'imagine que nous sommes encore ensemble, que c'est pour moi que tu danses à la télévision, que le monde entier le sait.

J'invente des centaines de scènes de retrouvailles.

On se croise avenue Mozart, tu t'arrêtes face à moi et tu me prends la main, tu sonnes à ma porte, tu m'envoies un télégramme « je t'aime, reviens », je reçois par porteur spécial un billet de train pour Saint-Raphaël, tu regrettes, tu ne m'as jamais oublié, les autres, ce n'est rien.

Nous dînons au Relais de l'entrecôte de la rue Saint-Benoît, tu joues avec tes frites, nous prenons un bain ensemble, tu frottes mes pieds avec une pierre ponce et tu te plains, la corne est trop rugueuse, tu chantes « Que sera, sera ».

Tu me laisses regarder tes fesses. Tu sais très bien que j'aime regarder tes fesses. « Ça va ? Tout va bien ? » J'ai un peu honte.

Il y a aussi des rêves moins drôles. J'entre dans ma chambre, je te vois étendue dans mon lit dans les bras de mon remplaçant. Vous êtes devenus des familiers de ma chambre, je vous dis bonsoir. Vous faites semblant de ne pas me voir. Je m'allonge à vos côtés. Le matin, vous êtes encore là, tu lui répètes des phrases que je connais.

« Tu es l'homme qui me protège. »

« Avant toi, ma vie était ratée. »

« Tu me permets d'effacer d'horribles souvenirs. »

Vous avez l'air très heureux sans moi.

Les bons jours, vous restez dans ma chambre, et je peux à nouveau profiter des terrasses de café et des jolies filles qui passent devant, les moins bons, vous me poursuivez en dehors. Vous fréquentez le Berkeley, le Stella, le Fouquet's.

Quand ce n'est pas dans ma tête, c'est pour de vrai. Vous êtes dans les journaux, dans les conversations sur les plateaux de cinéma, dans les cars régies, dans les bureaux des producteurs, dans les brasseries de la porte d'Auteuil à 7 heures du matin que fréquentent les techniciens avant de se rendre dans les studios de Boulogne-Billancourt.

Je crois aussi que c'est pour t'échapper que je quitte le cinéma en 68 et ouvre une première boutique boulevard de Strasbourg.

Je rencontre Bonté en janvier 72. D'abord je ne la vois pas. Elle ne cherche pas à me séduire. Elle travaille dans l'atelier de son père. Lui qui ne peut parler de son passé me dit, en regardant sa fille, « je ne pouvais imaginer que la vie me donne autant. Elle est la bonté même ».

C'est ainsi que lui vient ce nom, Bonté. Je ne la vois pas, je n'entends pas ce que me confie son père. Ce qui me préoccupe, c'est d'ouvrir des magasins, de trouver les meilleurs emplacements. Boulevard de Strasbourg, rue de Rivoli, rue du Four.

Cette année 72, j'ai aussi retrouvé mon père, il ne m'a pas posé de questions, il avait su qu'il m'était arrivé une histoire qui me dépassait, il y a fait une fois une allusion, c'est tout.

Il avait eu une commande spéciale pour la télévision, créer et fournir les costumes de la série « Arsène Lupin » pour Antenne 2 avec Georges Descrières et Marthe Keller. Il fallait un frac à l'ancienne pour l'acteur, veston à revers de satin, crans aigus, sans boutonnage, pantalon à galons parallèles, chemise en popeline empesée, non plastronnée, à col cassé nœud papillon et gilet en piqué de coton. Il m'avait demandé de l'aider, « mais fais attention à l'actrice ».

L'acteur était un bon client de nos boutiques et un séducteur. Marthe Keller, professionnelle, charmante. Il n'y avait aucun danger. J'avais sous-traité la fourniture des robes, mais j'avais fait découper dans une belle soie rouge, qui servait de doublure pour des vestes fantaisies, un châle pour Marthe Keller, qui fut l'accessoire essentiel d'un épisode.

Je gagne de l'argent, je fais bien mon travail, je me fournis pour mes magasins dans des usines en Roumanie, au Portugal, à Shanghai, je continue d'aller beaucoup au cinéma.

Le soir, ce début d'hiver 72, je pense à la coupe, au patron, aux trois essayages, le bâti du devant, du dos, des côtés, des épaules, à ce monde qui se termine, à Eugène Rosenfeld, à sa fille.

Bonté, cet hiver si froid de l'année, m'a offert une paire de gants en cabretta fourrés très chauds. Ils me rappellent le chapeau de paille que tu m'avais offert « pour te protéger du soleil romain ».

J'aime Bonté grâce à toi.

Tu m'as appris à aimer, tu as été mon professeur d'amour. Sans toi, je n'aurais pas vu Bonté, je n'aurais pas touché le cuir de ses gants fourrés.

Je suis l'époux de Bonté. Je prends des bains de mer. Je mange des glaces l'hiver. Je quitte mon bureau et j'annule des rendez-vous pour m'asseoir au café de la rue d'Aboukir avec elle.

Nous allons au cinéma, nous n'avons pas eu d'enfant.

Eugène Rosenfeld est mort en 76. Il est enterré au cimetière de Bagneux à côté de sa première femme et de son fils Moïse.

J'écoute « Summertime » du Modern Jazz Quartet, le disque que nous écoutions en mai 67, je te vois danser comme tu le faisais, chez toi, avec moi comme unique spectateur.

Je n'ai jamais vu quelqu'un danser ainsi, après toi. C'est toi qui as inventé cette manière de danser, la danse suave, cette façon de balancer les bras comme s'il s'agissait d'ailes, de poser ton talon et que l'on croie qu'il est encore en l'air, de tendre ton cou-de-pied, de détourner la tête à l'acmé de l'excitation.

Bonté n'est pas ta remplaçante. Elle est Bonté. Elle ne danse pas seule. Elle m'enlace avec tendresse et nous tournons tous les deux très doucement sur « Hey Jo » ou « Michelle » des Beatles, je crois qu'elle adore cette chanson parce que c'est son vrai prénom, Michelle, et j'aime cette chanson pour la même raison.

J'ai racheté le disque du Modern Jazz Quartet, je le pose sur l'électrophone, Bonté écoute, elle est assise sur un canapé en mousse recouvert de velours crème, elle porte une robe chemisier blanche en soie sauvage, elle a enlevé ses sandales. Elle applique du vernis à ongles rose sur ses pieds, j'ai peur qu'elle ne tache le canapé neuf acheté chez Roche-Bobois. Je ne le lui dis pas. Elle ne fait aucune tache. Elle est délicate. Je suis soulagé de n'avoir rien dit. Elle me regarde, elle a compris que j'étais inquiet pour le canapé neuf. Elle ne dit rien non plus. Nous écoutons ensemble « Summertime » du Modern Jazz Quartet. Aucun de nous deux ne danse comme toi. Ce n'est pas grave. Nous sommes bien.

Le 16 août 67, je suis rentré à pied de notre dernier déjeuner dans ce restaurant de la place du Trocadéro. Un pied devant l'autre, c'est tout ce que je suis capable de faire.

Alors il me semble que ma vie est foutue et je n'arrive même pas à t'en vouloir.

Je n'ai pas encore compris.

Et puis, soudainement, je sais très bien comment faire pour que tout cela s'arrête pour de bon.

Je prends ma voiture ; il est 2 heures du matin, je fais trois fois le tour de Paris, prêt à foncer dans le premier camion.

Il faut que je meure, je veux mourir. Je regarde les camions devant moi, il faut que j'en trouve un gros, que le choc soit le plus fort possible.

Il y a cette affiche pour le « Salon international de la Radio Télévision, du 1er au 10 septembre 1967 – Paris – Porte de Versailles ».

Je la vois trois fois. À chaque tour du périphérique. La troisième fois, j'ai le temps de lire « sur le podium, les plus grandes vedettes du music-hall ».

Voilà, c'est un signe, c'est la fin. Et puis non, tout à coup, ce n'est plus cela.

Je n'ai plus envie de mourir. Je veux vivre.

Il était 5 heures du matin, je suis rentré me coucher.

Tu as tenté de mourir plusieurs fois, mais c'est le désir de vivre que tu m'as donné. Tu m'as dit un jour – c'était presque la fin pour nous – « je ne désire rien de plus que de vivre et aimer ». C'était il y a trente ans.

Aujourd'hui, tous les samedis, je déjeune au Flandrin avec les anciens d'Oujda et de Casa.

Je prends un steak-frites, je pense à toi.

Mai 67

Tu as résumé nos deux mois, les quatre-vingt-dix-sept fois où nous avons fait l'amour en une phrase dans ton autobiographie, « F., qui m'a consolée de mon mariage de pacotille ».

Tu te souviens comme tu jouais toujours à faire semblant de ne pas voir la catastrophe qui s'annonçait ?

À la manière que tu avais de jouer avec la nourriture « tu vois la viande est amoureuse de la frite, elle la poursuit, mais la frite ne l'aime pas, comme c'est triste. La frite est seule, la viande aussi. Comment faire ? Et cette autre petite frite, elle est mignonne, elle regarde la viande gentiment, mais la viande ne regarde que la première frite. Oh, regarde, c'est chouette, la première frite se rapproche de la viande. Ils s'aiment. Tu crois qu'ils s'aiment pour de bon, pour toujours ou la petite frite va rester toute seule et abandonnée dans un coin de l'assiette ? ».

F.

Une copie de ce courrier a été retrouvée en 2010 dans le tiroir d'un bureau. Quelques recherches ont permis de reconstituer, à partir de la signature, des éléments biographiques.

L'auteur de cette lettre est mort en 2003 après avoir créé un réseau de magasins de prêt-à-porter. Sa veuve n'a pas souhaité que son nom apparaisse. Elle connaissait l'existence de ce texte manuscrit, mais ne savait pas que son mari en avait gardé une copie. Elle n'a pas été capable de dire si la destinataire avait répondu, ni même s'il la lui avait envoyée. Il lui avait confié ce qui s'était passé dans sa vie en mai 67 ainsi que les lettres signées Bri.

Sources

Eddie Barclay, *Que la fête continue*, Robert Laffont, 1988.

Brigitte Bardot, *Initiales B. B.*, *Mémoires*, Grasset, 1996.

Simone de Beauvoir, *Brigitte Bardot and the Lolita Syndrome*, Four Square, 1960.

Anne-Marie Garat, *Pense à demain*, Actes Sud, 2010.

Olga Horstig-Primuz, *Moi, j'aime les acteurs*, J.-C. Lattès, 1990.

Marie-Dominique Lelièvre, *Brigitte Bardot, plein la vue*, Flammarion, 2012.

François Mauriac, *Bloc-notes, 1964-1967*, tome IV, Le Seuil, Points/Essais, 1993.

Gunter Sachs, *Le Dossier astrologie*, Michel Lafon, 2000.

Miroslav Sasek, *Rome*, Casterman, 1960.

Marie Simon, *La Mode, 1945-1975*, Aubanel, 2009.

Roger Vadim, *Le Goût du bonheur*, Fixot, 1993.

José-Luis et Vilallonga, *Gold Gotha*, Le Seuil, 1972.

Anne Wiazemsky, *Une année studieuse*, Gallimard, 2012.

Le site internet « Stiff collar », www.stiff-collar.com

Remerciements

Pour leur confiance, merci à tous ceux qui ont souhaité rester anonymes et qui, je l'espère, se reconnaîtront.

Pour leur patience, à Antoine Caro, Françoise Delivet, les bibliothécaires de l'Institut d'études politiques de Paris.

Et à Edmond Cohen, Marie Steinberg, Nina Companeez, Jonathan Nossiter, Franck Provost, Jérôme Hanover.

Composition et mise en pages réalisées
par ÉTIANNE COMPOSITION
à Montrouge.

Cet ouvrage a été imprimé
en mars 2014 par

FIRMIN-DIDOT

27650 Mesnil-sur-l'Estrée
N° d'édition : 53518/01
N° d'impression : 121975
Dépôt légal : mars 2014

Imprimé en France